KB235858

삐뚤빼뚤
생각해도
괜찮아

삐뚤빼뚤 생각해도 괜찮아

고민하는 10대를 위한 철학 상담소

ⓒ 희망네트워크, 2013

초판 1쇄 펴낸날 2013년 12월 31일
초판 12쇄 펴낸날 2020년 7월 20일

엮은이 희망네트워크
글쓴이 심상우, 이진오, 서동은, 정현철, 박남희, 박승현, 이연도,
　　　　정대성, 이동용, 이종철, 한상연, 홍경자, 박일준
그린이 소복이
펴낸이 이건복
펴낸곳 도서출판 동녘

전무 정낙윤
주간 곽종구
편집 구형민 정경윤 박소연
마케팅 권지원
관리 서숙희 이주원

인쇄·제본 영신사 　**라미네이팅** 북웨어 　**종이** 한서지업사

등록 제311-1980-01호 1980년 3월 25일
주소 (10881) 경기도 파주시 회동길 77-26
전화 영업 031-955-3000 편집 031-955-3005 　**전송** 031-955-3009
블로그 www.dongnyok.com 　**전자우편** editor@dongnyok.com

ISBN 978-89-7297-704-9 (43100)

- 이 책의 일부는 아모레퍼시픽의 아리따글꼴을 사용하여 디자인되었습니다.
- 잘못 만들어진 책은 바꿔 드립니다.
- 책값은 뒤표지에 쓰여 있습니다.
- 이 도서의 국립중앙도서관 출판시도서목록(CIP)은 e-CIP홈페이지(http://www.nl.go.kr/ecip)와
  국가자료공동목록시스템(http://www.nl.go.kr/kolisnet)에서 이용하실 수 있습니다.
  (CIP제어번호: CIP2013027418)

삐뚤빼뚤 생각해도, 괜찮아

고민하는 10대를 위한
철학 상담소

희망네트워크 엮음

동녘

일러두기

★ 이 책은 세상에 대한 호기심과 인생살이에 고민이 많은 청소년들을 위해
  13명의 철학 선생님들의 글을 엮어 구성하였습니다.
★ 각 장이 시작할 때, 주제가 적혀 있는 페이지 뒷면에는 선생님들이
  청소년들에게 해주고 싶은 한마디를 담았습니다.
★ 각 주제별로 선생님들이 6권의 책을 추천하였습니다. '혼자 읽어도 좋은 책'은
  청소년들이 혼자 읽으며 생각해보기 좋은 책들을, '함께 읽으면 좋은 책'은
  선생님이나 부모님과 함께 읽고 이야기를 나누면 좋을 만한 책들을 소개했습니다.
★ 단행본은 《 》로, 단편 및 영화는 〈 〉로 표기했습니다.
★ 맞춤법과 띄어쓰기는 '한글 맞춤법'에 따랐습니다. 그러나 국내에서 통용되는
  외국어는 국내 상황에 맞게 바꾸었습니다.

왜 청소년도
철학을 공부해야 하나요?

지혜로운 자는 자기의 집을 세우나
어리석은 자는 자기의 집을 허문다.
— 유대인의 경전 중에서

우리는 흔히 사람을 가리켜 생각하는 동물이라고 합니다. 이
것은 사람이 다른 동물들과는 달리 생각을 하며 살아간다는 뜻이
지요. 다시 말해 사람의 정체성도 다름 아닌 생각하는 일과 관련
이 있다는 의미입니다. 좀 더 직접적으로 말하면 사람은 생각을 할
때 사람다울 수 있다는 뜻이기도 하지요. 따라서 사람에게 생각하
는 일이란 매우 중요한 행위입니다. 그렇다면 또 이런 질문이 나올
수 있겠네요. 우리는 무엇을, 어떻게 생각해야 하는 것일까요? 생
각한다는 것은 내게 주어진 것을 이전과 다르게 만들어가는 일과
관련이 있습니다. 이것만이 절대적이라고 생각하지 않고, 저렇게도
또 다르게 다양한 방식을 취해 보는 일, 우리는 그 일을 생각을 통
해서 만들어갑니다. 이처럼 생각은 우리를 새로움 앞에 세우며 또

다른 세계를 열어가도록 이끕니다. 다시 말해 사람은 생각함으로 좀 더 나은 나를 만들어갈 수 있습니다.

철학은 바로 이러한 '생각'을 하도록 도와줍니다. 철학은 사람에게 생각하는 세 가지 방식인 '설명'과 '감탄'과 '물음' 중에서 특히 물음을 통해서 지금, 내 눈앞에만 보이는 것이 아닌 새로운 것을 경험할 수 있도록 열어줍니다. 이뿐만이 아닙니다. 철학은 나의 한계, 틀, 장벽을 극복하고 어려움, 절망, 고통을 넘어설 수 있게 하지요. 게다가 내가 싫어하는 사람, 나를 미워하는 사람들과도 함께 살아갈 수 있는 지혜를 넌지시 알려주기도 합니다.

그런데 대한민국에 사는 대부분의 십대들에게는 철학을 접하고 공부할 수 있는 기회가 많지 않습니다. 우선 당장 따라가야 할 학교 공부가 바쁘고, 학원 수업과 과외에 연이은 입시 준비까지 좀처럼 철학이 끼어들 수 없는 삶을 살아가고 있지요. 그걸 저도 누구보다 잘 알기에 무조건 철학 공부를 해보자고 강요할 수는 없습니다. 철학은 우리가 살아가는 데 절대로 없어서는 안 되는 필수품은 아니니까요. 그렇지만 이런 이야기는 해볼 수 있겠네요. 철학이 없는 삶과 철학이 있는 삶은 전혀 다르다는 것을요. 저는 요즘 우리 사회의 다양한 현상들, 그중에서도 각종 사회문제들과 심한 개인주의, 물질 중심주의, 성공만을 지향하는 분위기 등이 이 사회에 철학이 부족하기 때문에 나타난 결과가 아닐까 생각합니다. 특히 현대사회는 많은 것들을 수치화, 평균화, 일반화시키는 경향이 높습니다. 한번 생각해보세요. 여러분의 성적, 등수부터 시작해 아파트 평수, 아버지의 직급 등 우리는 우리 삶의 많은 것들을 숫자화하지요. 또한 정상/비정상, 주류/비주류와 같은 이분법을 만들어 놓고 정상과 주류가 더 옳고 좋다고 여깁니다. 그러니 사람들 간에는 경쟁과 차별이 심해지고, 더 높은 성공만을 추구하기도 쉽겠지요. 이런 사회 속에서 살아가고 있는 청소년들에게 많이 미안한 마음입니다. 어쩌면 많은 친구들은 미래에 대한 희망보다는 절망을 먼저 배울 수 있을 테니까요. 가끔 세상을 져버렸다는 친구들의 소식을 듣거나, 자신의 힘듦을 욕설이나 폭력과 같은 형태로밖에 분출하지 못하는 친구들을 만날 때, 현실적인 어려움을 회피하기 위해 인터넷 서핑과 컴퓨터게임과 같은 것들 속을 헤매는 친구들을 만날 때 왠지 저는 그것이 이 사회의 부조리한 구조와 보호막이 없는 상태가 만들어낸 결과인 것 같아 슬퍼집니다.

그러니 우리는 다시 마음을 잡고 생각해봐야 합니다. 우리 십대 친구들, 같이 고민해봅시다. 무엇이 우리를 힘들게 하고, 어떻게 이 상황들을 극복할 수 있을지, 나만 행복한 것이 아니라 우리 모두 행복하기 위한 길은 무엇인지 등에 대해서요.

여기서 다시 철학을 이야기할 수밖에 없습니다. 위에서도 넌지시 말했지만 철학은 살아가면서 의문점이 나는 일들에 대해 스스로 묻고 답하면서 자신을 만들어가도록 도와주는 학문이니까요. 따분하고 지루한 내용을 담고 있는 게 철학이 아니라, 우리의 삶을 더 즐겁고 행복하게 살 수 있도록 그 무엇보다 잘 도와줄 수 있는 게 바로 철학입니다. 지금 우리에게 가장 필요한 것인 셈이지요. 특히 몸과 마음이 무한 성장하고 있는 십대들에게는 더욱 그렇습니다. 그래서 이 책을 이렇게 세상에 내놓게 됐습니다. 우리 십대들이 지금보다 더 행복해지기 위해서 무엇을 어떻게 생각하면 되는지 도와주고 싶었습니다. 내가 누구인지, 나는 어디에서 무엇을 하고 있는지, 앞으로 어떻게 살아야 하는지 다시 고민해보자고 말하고 싶었습니다.

　이 책에는 여러분이 한번쯤 생각해봤을 문제들과 비슷한 고민을 하는 친구가 한 명 등장합니다. 그 친구의 머릿속에는 나는 어쩌다 이러한 모습으로 살고 있는 것인지, 왜 공부는 하고 대학에 가야 하는지, 뉴스에는 왜 자주 정치인들이 싸우는 모습이 나오는지, 엄마의 잔소리에서 벗어날 수 있는 방법은 없는지, 왜 천연기념물인 물고기와 식물들을 죽이면서까지 4대강 사업을 해야 했는지 등 궁금한 것들, 이해가 가지 않는 것들로 가득합니다. 저는 학교와 교과서가 알려주지 않은 조금은 삐뚤빼뚤한 생각들을 그 친구가 스스로 해내고 있다는 게 기특하고 예뻐 보입니다. 누구보다 십대라는 소중한 시간을 열심히 살아가고 있는 것 같아 대견했지요. 그래서 13명의 선생님들과 함께 차근히 하나씩 그것들에 대한 답을 찾아갈 수 있도록 도와주려고 했습니다. 그렇게 이 책은 '꿈', '존재', '언어', '공부', '중독', '가족', '차별', '국가', '경제', '폭력', '인권', '환

11

경', '종교'라는 키워드들로 분류했고요. 아무래도 이야기를 해주시는 선생님들이 철학을 공부하시다 보니, 철학자도 많이 등장하고, 철학적인 사유들이 바탕에 깔려 있지요. 그래서 조금 무겁게 느껴질 수도 있겠지만, 이 과정은 여러분이 사유의 폭을 더 넓힐 수 있는 기회이기도 하니 끝까지 따라와 준다면 고마울 것 같아요.

이 땅의 지혜로운 청소년들을 위해 애써주신 13분의 선생님들, 그리고 청소년 철학의 필요성에 공감하며 책 작업을 기꺼이 해주신 윤현아, 조유나 선생님을 비롯한 도서출판 동녘에 감사를 전하고 싶습니다. 그리고 무엇보다도 일선에서 청소년들을 위해 애쓰시는 모든 선생님들과 자신의 삶을 스스로 만들어가기 위해 삐뚤삐뚤 시행착오를 겪고 있을 용기 있는 이 땅의 청소년-철학자들에게도 따스한 손을 건네고 싶습니다.

2013. 11. 20.
독서당로에서
박남희

이 책에 등장하는 질문소녀

* **이름과 나이:** 비밀.

* **성격:** 삐뚤빼뚤한 생각으로 가득하고 성격이 조금 급하다.

* **취미:** 수업 시간에 엉뚱한 질문하기, 목공소 놀러가기.

* **좋아하는 것1:** 새로 부임해온 국어 선생님과 수다 떨기.
  왜냐고? 말이 잘 통함. 국어 선생님과 친해진 후부터 문학 공부에 매진하는 중!

* **좋아하는 것2:** 뉴스 보기.
  왜냐고? 나름 개념 청소년. 사회문제에 관심 많고, 공감 잘하고, 눈물 많다.

* **싫어하는 것1:** 몽둥이 들고 다니는 체육 선생님의 고함 소리!

* **싫어하는 것2:** 헬스장 중독인 엄마의 인터넷 좀 그만하라는 잔소리!

꿈

소중한 가치를 향한 한 걸음

심상우

"

우리의 삶은 여행이다.

이 여행에서 진정 무언가를 발견하길 원하는가?

그렇다면 새로운 풍경을 찾는 것보다는

새로운 눈을 뜨는 것이 더 현명하지 않을까?

저는 나무로 무언가 만드는 것을 좋아합니다. 그래서 시간이 날 때마다 삼촌이 운영하는 목공소에 놀러가곤 하지요. 그곳에서 만들어지는 장롱은 정말 예술에 가깝습니다. 그래서 종종 '목공소에서 일해보는 건 어떨까?'라고 상상합니다. 물론, 부모님은 공부하라고 하시죠. 공부해서 좋은 대학 가라고, 공부해서 좋은 직장 얻으라고요. 그런데 저는 공부가 정말 재미없습니다. 문제집을 푸는 것보다는 만화책을 보는 것이 당연히 더 좋고요. 그렇지만 부모님 말씀을 듣고 대학 진학을 준비해야 하나 싶기도 해요. 저의 꿈은 대학에 가는 걸까요? 아니면 좋은 직업을 가지는 걸까요? 목수가 되고 싶은 걸까요? 도대체 꿈이 무엇인지, 어떤 꿈을 꾸어야 잘 사는 것인지 모르겠어요.

지혜를 구하는 여행

어렸을 때부터 참된 지혜를 배워야 한다고 부모님께 가르침을 받아온 소년이 있었습니다. 이 아이는 성장하면서, 어떤 것이 참된 지혜인지 깊은 고민에 빠졌습니다. 그래서 그는 이 세상에서 가장

소중한 가치를 향한 한 걸음

중요한 것을 찾고자 여행을 떠나기로 결심했습니다. 떠나면서 그는 다짐했습니다. '세상에서 가장 중요한 것을 찾지 못한다면 다시 이곳에 돌아오지 않으리라.' 여행을 시작한 지 며칠이 지나자 점점 몸과 마음이 지쳐왔습니다. 하루에도 몇 번씩 집으로 돌아가고 싶었지만 참된 지혜가 무엇인지에 대한 궁금증을 포기할 수는 없었습니다.

어느 날 소년은 시장에서 구두를 팔고 있는 상인을 만났습니다. 소년은 상인에게 "이 세상에서 가장 중요한 것은 무엇입니까?"라고 물었습니다. 그는 잠시도 지체하지 않고 "돈이지"라고 대답했습니다. 돈만 있으면 모든 것을 다 할 수 있고 얻을 수 있다는 것입니다. 상인의 말은 돈으로 모든 욕망을 채울 수 있다는 뜻으로 들렸습니다. '저 사람은 속물이군.' 소년은 생각했습니다. 상인의 말은 불필요한 소비를 위해서 돈이 필요하다는 것처럼 들렸기 때문입니다. 소년은 돈을 버는 일은 '꼭 필요한 것들'을 구하기 위해 '일'을 하는 것이라고 생각했습니다.

하루는 비가 많이 내리는 거리에서 노숙인을 만났습니다. 마치 거지 철학자 디오게네스Diogenēs(BC400?~BC323)와 같은 몰골을 한 사람이었습니다. 배고픔의 고통만큼은 가장 잘 참아낼 수 있는 것처럼 보였기 때문에 그에게 욕망을 다스릴 수 있는 지혜가 있으리라 소년은 생각했습니다. 소년은 그에게 이 세상에서 가장 중요한 것이 무엇이냐고 물었습니다. 그러자 그는 "풍성한 식탁에서 배

불리 먹고 따뜻한 방에서 잠자는 것과 멋진 옷을 입는 것이다"라고 말했습니다. 그보다 더 중요한 무언가를 기대했던 소년은 아쉬움을 뒤로하고 돌아섰습니다.

허름한 돌담길을 걷고 있을 때, 긴 수염에 갓을 쓴 아주 나이 많은 할아버지 한 분을 만났습니다. 소년은 이 할아버지가 오랜 삶을 살았기 때문에 이 세상에서 가장 중요한 그 무엇을 가르쳐 줄 수 있을 것이라 생각했습니다. 그래서 그는 할아버지에게 이 세상에서 가장 중요한 것이 무엇인지 물었습니다. 그러자 할아버지는 "이 세상에서 가장 중요한 것은 그저 건강이야. 그리고 나이가 드니 외로워. 자식들이 많았다면 좋았을 것 같아"라고 대답했습니다. 할아버지의 대답은 고독에 대한 슬픔과 장수에 대한 희망을 담고 있었습니다. 소년은 생각했습니다. '사람은 모두 죽잖아. 그렇다면 단순히 오래 사는 것보다는 매일을 잘 살아가는 게 더 중요하지 않을까?' 소년은 할아버지를 뒤로하고 길을 떠났습니다.

소년이 큰 빌딩숲을 지날 때쯤, 아주 바빠 보이는 사람들이 보였습니다. 그중 한 사람이 서류가방을 들고 어디론가 바삐 움직이고 있었습니다. 소년은 참된 무엇인가를 찾기 위한 움직임이라 생각하고 그 사람을 쫓아갔습니다. 그는 변호사였습니다. 하루의 일들을 빼곡하게 쌓아놓고 일상을 일일이 체크하며 생활하는 사람이었습니다. 그는 눈코 뜰새 없이 바쁜 하루를 보내고 난 뒤 하루의 일과를 정리하면서 오늘 하루는 너무 힘들었다고 이야기했습

소중한 가치를 향한 한 걸음

니다. 소년은 물었습니다. "왜 그렇게 열심히 일하시나
요?" 그러자 그는 주어진 일들에 최선을 다할 뿐이
라고 말했습니다. 그러면서 그는 잠
시 침묵했습니다. 그는 그저 잘 먹
고 잘 살기 위해 주어진 일을 충실
히 하고 있다고 말했습니다. 그는
자신의 삶에 대해 그 이상의 기대
는 하지 않았습니다. 그러다 보니
가장 두려운 것은 가만히 아무것도 하
지 않고 있는 일이라고 덧붙였

습니다. 소년은 그가 자신의 내면
을 들여다보는 일이 고통스럽
기 때문에 끊임없이 무언가 해
야 할 일을 만들고 있는지
도 모른다고 생각했습니
다. '지독한 고독을 피하고
마음에 평안을 얻고자 자
꾸 일을 만들고 자기 스스
로에게 집중하는 것을 피
하고 있는 게 아닐까?' 내
면의 소리에 귀를 기울이

지 못하고 자기 없는 삶을 살고 있는 변호사를 보고 소년의 기대는 허무하게 무너졌습니다. 긴 한숨과 함께, 미간에 주름을 찌푸리며 그 사람으로부터 발길을 돌렸습니다.

거의 지쳐가던 소년이 공사 현장을 지나게 되었습니다. 그곳에 많은 인부들이 모여 어떻게 새집을 잘 지을 수 있을지에 대해 토의를 하고 있었습니다. 이들에게 소년은 "세상에서 가장 중요한 것이 무엇이냐"라고 물었습니다. 그러자 설계사는 자신의 설계가, 풍수는 자신의 터 잡는 일이, 미장이는 자신의 벽 바르는 일이 가장 중요하다며 뒤엉켜 싸우기 시작했습니다. 이전에 만났던 세 사람은 자신의 부족함을 채우고 싶은 사람들이었다면 이 사람들은 '자신이 하는 일'이 세상에서 가장 중요하다고 여기는 사람들이었습니다. 소년은 생각했습니다. '서로 협력해야 좋은 집이 만들어지지 않을까?'라고 말입니다.

우리는 가족·대한민국·세계라는 공동체의 집을 짓는 사람들입니다. 대통령이나 관료, 농부, 환경미화원, 의사, 선생님, 정치인 등 누구든지 차별 없이 서로에게 힘이 되어줄 때 아름다운 집이 만들어질 수 있고 더 나아가 세상이 조금 더 아름답게 변하지 않을까요?

꿈이 없는 사람들에게

인생은 흔히 긴 여행에 비유되곤 합니다. 그리고 여행이란 지금의 자리에서 내가 원하는 어딘가를 향해 발걸음을 내딛는 것을 말합니다. 우리 삶의 여행은 상반된 두 가지 종류로 나누어볼 수 있습니다. 하나는 목표를 세우고 떠나는 여행이고, 또 다른 하나는 목표 없이 떠나는 여행입니다.

먼저 목표를 세우고 떠나는 여행을 살펴봅시다. 한국의 대표적인 산악인 박영석(1963~2011)은 1993년 세계 최초로 세계 최고봉인 8,848m 높이의 에베레스트 산의 무산소 등정에 성공하였습니다. 그는 여기에 그치지 않고 하나하나 새로운 목표를 정하고 등정하기 시작했습니다. 그리고 2005년 인류 최초 산악 그랜드슬램으로 세계 8,000m급 14좌, 7대륙 최고봉, 세계 3극점 모두 등반을 달성하는 과업을 남겼습니다. 그는 위대한 산악인이었습니다. 하지만 그런 그가 사실 히말라야에 40여 차례 도전장을 내밀었고, 22번이나 실패를 경험했다는 사실을 아는 사람은 많지 않습니다. 과연 그에게 22번의 실패에도 불구하고 계속해서 도전을 하게 한 원동력은 무엇이었을까요? 그건 바로 '산에 관한 한 최고라는 소리를 듣는 아버지가 되겠다'는 자신과의 약속과 목표 때문이었다고 생각합니다. 목표가 그에게 극한의 고통조차 이겨내게 하는 강력한 힘이 되었던 것처럼 우리도 자신만의 목표를 가지게 된다면 목표를

소중한 가치를 향한 한 걸음

위해 개인의 자유를 통제할 수 있을 것입니다. 이처럼 삶의 목적, 즉 비전이 있는 사람은 목적이 이끄는 삶을 위해 열정적으로 노력합니다. 이런 사람은 실패할 때도 그곳에서 무언가를 배웁니다. 이들은 아무리 힘들고 단조롭게 느껴지는 일도 목적 성취를 위한 헌신으로 받아들일 수 있게 됩니다. 이들은 현실에서 불가피하게 만나게 되는 장애물과 난관에도 쉽게 넘어지지 않습니다. 혹 넘어지더라도 다시 일어나 도전할 수 있는 힘을 갖고 있습니다.

둘째, 목적지와 기간을 정하지 않은 채로 정처 없이 발길이 머무는 곳을 따라 여행하는 경우를 들 수 있습니다. 이와 같은 여행의 경우 자유로움 속에서 늘 새로운 상황을 만날 수 있다는 장점도 있지만, 방황으로 인해 인생을 허비할 수도 있습니다.

여러분은 어떤 여행을 원하세요? 젊은 날의 삶은 목적지와 기간을 정해야 꿈을 이루어가는 데 조금 더 유리하지 않을까요? 우리의 삶에 목표가 있다면 좀 더 알차고 의미도 있는 여행이 될 수 있을 것입니다. 꿈이 있는 삶은 우리에게 삶의 의욕을 높여주고 잠재력을 일깨워주는 역할도 할 수 있습니다. 그런데 안타깝게도 꿈조차 없는 사람들이 우리 주변에 너무 많습니다. 이들은 '그냥 살면 되지, 꿈이 왜 필요하냐?'라고 반문하기까지 합니다. 학교 공부를 잘하는 아이들도 꿈이 없는 경우가 많습니다. 왜일까요? 부모님과 선생님의 말씀에 순종하여 학교 공부는 잘하지만, 왜 자신이 공부를 해야 하는지 그리고 자신의 잠재력은 무엇인지 생각해보지 않았기 때문일 겁니다.

사실 꿈은 찾기가 쉽지 않습니다. 학업과 관련된 공부만 하느라 우리는 자신에 대해 생각할 여유가 없습니다. 설령 꿈이 있다 하더라도 자신이 선택한 꿈이라기보다는 부모님의 희망사항인 경우도 많습니다.

이제 무엇보다 중요한 것은 꿈을 정하는 일입니다. 꿈을 정하기 위해서는 먼저 자신이 소중하게 생각하는 가치와 성향을 생각해야 합니다. 여기서 꿈은 반드시 가치가 일차적인 조건이어야 하며 더불어 자신의 재능과 성격을 고려해야 합니다. 이러한 과정을 통해 우리는 각자의 꿈을 구체화해야 합니다. 꿈의 실현을 위해 먼저 자신의 꿈을 여러 번 떠올려보는 것만으로도 우리는 자신을 만날 수 있게 됩니다. 그리고 무엇보다 자기 자신을 잘 관찰해보세요. 내 감정이 어떤지, 자신이 어떤 생각을 하는지 잘 살펴보다 보면 스스로가 어떤 사람인지 알 수 있을 것입니다. 꿈을 만들기 위해서는 가장 먼저 자신이 무엇을 할 때 시간가는 줄 모르고 재미있어 하는지, 어떤 과목들을 좋아하는지 잘 관찰할 필요가 있습니다. 그러한 과정에서 직업적 희망들도 찾아낼 수 있습니다.

소중한 가치를 향한 한 걸음

직업=꿈?

여러분은 어떤 꿈을 꾸나요? 꼭 직업으로 꿈을 이야기해야 하나요? 대다수의 사람들은 직업을 꿈이라 이야기하지만 유대인들은 직업을 꿈으로 이야기하지 않았습니다. 대신 자신의 소중한 가치를 이야기합니다. 유대인인 아인슈타인Albert Einstein(1879~1955)은 "성공하는 인간이 되기보다는 가치 있는 인간이 되기 위해서는 삶의 목적을 깨달아야 한다"라고 말했습니다.

가치 있는 삶을 살아가기 위해선 먼저 삶의 목적을 깨달아야 합니다. 삶의 목적을 깨달은 사람은 자신의 한계와 장애물도 극복할 수 있습니다. 아인슈타인의 말처럼 우리의 꿈은 직업보다는 '봉사를 잘하는 사람', '친구를 소중하게 여기는 사람', '기쁨을 나누어주는 사람', '부모님께 효도를 잘하는 사람'이 되어야 하지 않을까요?

가치를 꿈으로 생각한 대표적인 사람으로 마틴 루터 킹Martin Luther King(1929~1968) 목사를 들 수 있습니다. 킹 목사는 미국의 흑인 인권운동가입니다. 그의 꿈은 정의로운 세상을 만드는 것이었습니다. 그는 모든 사람들이 서로 사랑하는 공동체를 만들기 원했지요. 특히 그는 흑인과 백인이 평등한 사회를 꿈꾸었고 더 나아가 빈부의 차이를 극복한 세계가 정의로운 세계라고 생각했습니다. 그는 비폭력 시민운동을 통해 차별과 맞서게 됩니다. 폭력을 통한 평화

는 또 다른 폭력을 낳을 수밖에 없다고 생각했기 때문입니다. 1963
년 연설은 그런 그의 꿈이 무엇인지를 잘 말해줍니다.

"나에게 꿈이 있습니다. 조지아 주의 붉은 언덕에서 노예의 후손
들과 노예 주인의 후손들이 형제처럼 손을 맞잡고 나란히 앉게
되는 꿈입니다. 나에게는 꿈이 있습니다. 내 아이들이 피브색을
기준으로 사람을 평가하지 않고 인격을 기준으로 사람을 평가하
는 나라에서 살게 되는 꿈입니다. 지금 나에게 꿈이 있습니다. 흑
인 어린이들이 백인 어린이들과 형제자매처럼 손을 마주잡을 수
있는 날이 올 것이라는 꿈입니다."(심동교, 《마틴 루터 킹의 나에게는
꿈이 있습니다》, 주니어 아가페, 2009, 110~111쪽)

그는 정의와 사랑을 실현하기 위해 끊임없이 노력했습니다. 그
는 빈부의 격차를 해결하지 않고서 사랑과 정의의 실현은 현실적
으로 이루어질 수 없다는 것을 알고 있었습니다. 그때부터 그는 미
국의 사회제도가 가난한 사람들을 위해 바뀌어야 한다고 주장했
고, 빈곤문제와 적극적으로 맞서 싸우기 시작했습니다. 그는 빈곤
문제가 당시 미국을 도덕적으로 병든 사회로 만들었다고 강력하게
주장했습니다. 인종 간의 평등은 빈곤문제가 해결되었을 때 완성
된다고 생각했던 것입니다.

노예로 사는 것에 익숙했던 당시 흑인들에게 킹 목사는 적극

적인 정치 참여로 자유와 평등을 얻어내야 한다고 역설했습니다. 그리고 그의 이러한 노력은 후대의 어린 자녀들에게 꿈을 심어주는 계기가 되었습니다. 그 결과, 50년이 채 되지 않아 미국에서 흑인 대통령이 나올 수 있었던 것입니다. 이처럼 꿈을 꾸고 노력하는 사람만이 자신의 권리를 지킬 수 있습니다.

우리는 무엇을 위해 어떤 꿈을 꾸고 있나요? 여러분은 어떤 가치를 가장 소중하게 생각하나요? 우리 주변에 이런 꿈을 꾸고 있는 사람들은 누구지요? 그들은 자신의 꿈을 위해 어떻게 했나요? 우리가 오랫동안 꿈을 그린다면 마침내 우리는 그 꿈을 닮아가게 될 것입니다.

꿈, 나에게 소중한 가치를 향한 한 걸음

사람들은 누구나 자신의 미래를 고민합니다. 좋은 직업을 가지고 편안한 삶을 살기를 원하지요. 그런데 어떤 직업이 좋은 직업인가요? 우리는 이런 판단을 할 때 자신보다는 부모님이나 선생님의 의견에 더 많은 영향을 받는 것 같습니다. 어른들은 행복하게 살기 위해서는 돈이 있어야 한다고 말합니다. 그리고 돈을 많이 벌 수 있는 직업이 좋은 직업이라고 합니다. 그런데 정말로 돈이 없다면 행복할 수 없나요? 공부를 많이 하지 않으면 좋은 직업을 가질

꿈

수 없나요?

알렉산드르 푸슈킨Aleksandr Sergeevich Pushkin(1799~1837)은 "인간은 돈이 아니라 인간을 추구해야 한다"라고 말했습니다. 여러분이 생각하는 좋은 직업은 무엇인가요? 요즘 대부분의 사람들은 자신이 아닌 다른 사람들의 뜻에 따라 살아가는 것처럼 보입니다. 내가 나의 삶을 사는 것이 아니라, 다른 사람이 나의 주인이 되어 사는 것이지요. 여러분은 당당히 "나는 내 삶에 주인이다"라고 말할 수 있나요? 만약 내가 내 삶의 주인이라면 모든 생각은 내가 해야 하고, 그 책임도 내가 질 수 있어야 하겠지요. 직업을 선택할 때는 더욱 그렇습니다. 많은 사람들은 돈을 많이 벌 수 있는 직업을 선택하고 싶어 합니다. 하지만 우리는 그것만으로 행복할 수 없습니다. 돈보다 더 큰 무엇인가를 추구해야겠지요.

우리는 아주 어렸을 때부터 가치에 대해 배웠습니다. 그러나 우리는 직업을 선택할 때 가치와 직업이 어떻게 연관되어야 하는지 답을 찾지 못했습니다. 아주 어렸을 때부터 우리는 올바른 가치관을 확립하기 위해 무엇이 필요하고, 또 바람직한 가치관은 어떻게 만들어야 하는지에 대해 수없이 들어왔지요. 하지만 막상 자신의 가치관에 대해 물으면 대답을 잘하지 못하니 참 이상한 일이 아닌가요?

자신이 추구하는 가치에 대해 고민하지 않고 부모님이나 선생님이 옳다고 말하는 가치를 그저 순응하기만 한다면, 우리는 늘 내

소중한 가치를 향한 한 걸음

적으로 혼란을 겪을 수밖에 없을 겁니다. 마치 아버지의 크고 헐렁한 옷을 걸쳤을 때 어색한 것처럼, 주변인들이 원하는 희망의 옷을 입었을 때 그 옷은 여러분을 빛내주지 못할 것입니다. 자신에게 어울리는 옷은 자신에게 맞는 옷이어야 하니까요. 그 옷이 멋지려면 무엇보다 바람직하고 건강한 자신의 가치관을 가지고 있어야 합니다. 이제 우리는 자신에게 맞는 옷을 입어야 합니다.

이 세상에는 수많은 직업들이 있습니다. 그런데 그 직업들 중에 자기가 행복할 수 있는 직업을 구하는 것이 무엇보다 중요합니다. 그래야 내 삶에 일관성을 유지할 수 있기 때문입니다. 자신이 만든 가치 기준에 따라 목표를 정하고 그 목표에 도달하기 위해 한걸음 한걸음 걸어나가는 것이 우리를 행복하게 합니다. 이때 걸음의 크기는 중요하지 않습니다. 공자孔子(BC551~BC479)는 자신이 걷는 속도는 중요하지 않다고 이야기했습니다. 늘 앞을 향해 조금씩이라도 걸어가고 있다면 그 삶은 성공한 것입니다.

일상에서 철학하기

엘리스가 토끼굴에 쑥 빠져들 듯이 여러분이 일상의 여러 일들에 빠져들어 본다면 어떨까요? 친구들에게 얼굴도 들지 못할 정도로 창피했던 일, 아니면 스스로도 뿌듯하고 다른 사람에게도 칭찬반았던 일, 그도 아니면 하루 종일 너무 심심해서 온종일 무언가에 집중했던 일들을 떠올려볼 수 있을 것입니다. 철학은 이러한 소소한 일상들을 기억하고 그것에 대한 경외감을 가질 때 시작됩니다.

사실 철학은 열심히 공부해서 배우는 방법도 있지만, 반대로 빈둥거리며 놀면서 공부할 수도 있습니다. 느림보처럼 천천히 자신을 살피는 일에서도 깊은 성찰이 시작될 수 있습니다. 예컨대 창피한 일들을 생각할 때, 다시는 그런 실수를 저지르지 말자는 생각을 하게 됩니다. 그리고 자신의 행동을 되돌아보게 되지요. 어쩌면 바쁜 현대사회에서는 상상도 할 수 없는 일일 겁니다. 고대 철학자 아리스토텔레스Aristoteles(BC384~BC322)는 철학의 출발은 곧 무언가에 대해 '경외감'을 갖는 것이라고 이야기합니다. 즉 우리가 느림에 대한 경외감을 가질 때 철학이 발생할 수 있겠죠. 그러므로 내가 세상을 어떻게 바라보느냐에 따라 새로운 의미들이 다가오는 것을 느끼게 됩니다. 그런데 우리 친구들은 재미있게 노는 시간과 세상에서 벌어지는 수만 가지 일들을 생각해보는 것보다 국어·영어·수학 문제집을 푸는 데 더 많은 시간들을 할애하고 있지는 않은가요?

아주 가끔은 일상이 여러분에게 아주 신선하게 다가올 때가 있을 겁니다. 이전에 전혀 재미를 느끼지 못하던 책이나 영화가 흥미롭게 다가올 때, 그때 내 눈은 새로움을 경험합니다. 아마도 이때가 우리가 또 다른 세상을 경험하는 시기일 것입니다. 지금 일어

소중한 가치를 향한 한 걸음

나는 일들에 의미를 부여하고, 그것에 대해 친구들과 이야기를 나누기도 하겠지요. 그럴 때면 주변 친구들은 "야! 너 또 개똥철학하냐?"라고 놀릴지도 모릅니다.

늘 경험하는 일상이 때때로 달리 보이는 이유는 무엇일까요? 우리의 주변에 모든 것들이 나에게 새로운 이야기를 하고 있는데, 이전에는 미처 그것을 바라보지 못했기 때문은 아닐까요? 갓난아기를 생각해보세요. 이 아기가 세상에 태어나서 세상에 속한 모든 것들을 새롭게 관찰한다고 상상해보세요. 아기는 아직 성숙하지 않은 감각의 촉수를 통해 세상이 들려주는 모든 느낌들을 경험할 것입니다. 엄마의 뱃속에서 들려오던 평안한 심장 소리를 찾기도 할 것이고, 엄마가 물려주는 부드럽고 맛있는 젖을 통해 행복감을 느끼기도 할 것입니다. 이들은 새롭게 펼쳐진 세상을 온통 신기하게 바라볼 것입니다.

철학한다는 것은 이 갓난아이와 같은 눈으로 세상을 보는 것입니다. 물론 긍정적인 바라봄만은 아닐 것입니다. 정반대로 공포감과 두려움 때문에 눈물을 흘리기도 하겠지요. 철학의 눈으로 우리는 세상에서 들리는 모든 것을 늘 새롭게 바라볼 수 있습니다. 어제 본 꽃을 오늘 처음 보는 꽃으로 여길 수도 있겠지요. 생각이 없으면 하나의 의미 안에 모든 것을 밀어버리고 맙니다. 플라톤 Platon(BC427~BC347)의 동굴 비유에서, 죄수들은 세상 밖에 관심이 없었습니다. 하지만 한 죄수는 동굴 밖 세계에 깊은 관심이 있었지요. 그리고 마침내 탈출을 시도하여 새로운 세계를 보게 됩니다. 그때의 경이로움이 새로움을 가중시킵니다.

세상은 계절이 바뀌듯 늘 변화하며 새롭게 전개되고 있는데, 익숙함에 묻히면 나는 과거만을 안고 사는 사람이 될 것입니다. 만약 우리가 우리의 삶을 깊이 성찰해나간다면 인생의 더 많은 의미들을 배울 수 있을 것입니다. 우리들은 삶의 의미들을 관계들을 통해 통찰해볼 수 있을 것입니다. 우리가 산다는 것은, 무의미한 삶에서 의미 있는 것을 찾아내는 과정일지도 모르겠습니다.

의미에 대한 물음은 곧 가치에 대한 물음입니다. 가치는 어느 것이 더 중요하느냐 묻는 것이기 때문입니다. 때문에 의미에 대한 물음은 삶과 결부됩니다. 왜냐하면 사람이 무엇이 의미 있느냐고 묻는 것은 그것이 자기 자신 또는 자신을 둘러싼 공동체에서 어떤 가치가 있느냐고 묻는 일이기도 하기 때문입니다. 그러므로 사람에게 근본적으로 묻게 되는 물음은 분명 자신의 인생 그 자체, 곧 삶이 의미 있는 것이냐 묻는 일이 될 것입니다.

소중한 가치를 향한 한 걸음

함께 읽으면 좋은 책

세계에서 빈곤을 없애는 30가지 방법

마에키타 미야코·가시다 히데키, 다나카 유 지음
이상술 옮김
알마, 2007

일본의 NGO 활동가 16명이 가난하고 굶주린 사람들이 없는 세상을 만들기 위해 우리가 할 수 있는 30가지 방법을 제시한다. 이 책은 세계의 빈곤문제가 인간의 탐욕이 만들어낸 거대한 경제구조 때문이라고 말한다. 제도적 문제들을 해결하기 위해 내가 무엇을 할 것인지를 거론하면서 평범한 개인들이 어떻게 세계의 빈곤에 허덕이고 있는지, 그 사람들을 어떻게 도울 수 있는지 다양한 방법들을 제시한다.

꿈을 찾아주는 내비게이터: 하버드 박사의 청소년 진로 가이드

정효경 지음
마리북스, 2012

청소년의 진로와 적성을 상담해온 하버드 박사의 진로 가이드이다. 저자는 "청소년시절에는 적성을 찾는 일이 꼭 필요하다"고 강조한다. 또한 "아무리 좋은 대학을 나와도 커리어에 실패하면 성공에서 그만큼 멀어지게 된다. 청소년들이 지금 해야 할 가장 중요한 일은 하루라도 빨리 자신의 미래 진로를 찾는 것이다"라고 말한다. 진로를 찾기 위해선 일차적으로 자신의 기질과 성격 그리고 취향에 대해 알아야 한다고 말한다.

따뜻한 경쟁

맹찬형 지음
서해문집, 2012

이 책은 경쟁이라는 말이 공존의 반대말이 아니라고 단언한다. 생산적인 경쟁은 공존을 필요로 하고, 공존을 유지하기 위해서는 좋은 경쟁이 필요하다는 것이다. 이때 경쟁은 오늘날 자본주의의 특징인 승자독식의 원리와는 거리가 멀다. 결승선을 향해 일직선으로 질주하는 것이 아니라 여러 번의 패자부활전을 통해 다양한 기회를 제공하는 것을 말한다. 저자는 스위스의 '따뜻한 경쟁'을 소개하면서 우리나라도 이러한 장점들을 수용할 것을 제안한다.

소중한 가치를 향한 한 걸음

존재

사람으로
살아간다는 것

이진오

,,

이 책을 읽고 미루나무처럼

생각이 쑥쑥 자라는 여러분이 보입니다.

이제 여러분이 세상의 주인공이군요!

주말에 집에서 뉴스를 보는데 잔혹한 살인사건 기사가 나오더라고요. 같이 텔레비전을 보던 아빠가 이런 말을 하셨어요. "사람으로 태어나서 어떻게 저런 범죄를 저지르냐"고요. 문득 사람이 대체 뭐길래, 사람답게 사는 게 뭐길래 저런 말씀을 하시나 하는 생각이 들었어요. 우리 집 강아지 아둥이도 그런 범죄를 저지르진 않잖아요. 사람이 동물이나 식물이랑은 분명 다르겠죠. 그렇다고 저는 사람이 더 잘났다고 생각하진 않아요. 대체 사람답게 사는 게 뭔가요? 동물이나 식물과 어떻게 다르다는 건가요?

존재한다는 것

여러분은 지금 어디에서 이 글을 읽고 있나요? 집에서요? 아니면 교실이나 공원 벤치에서요? 이 세상 어딘가에서 이 책을 읽으며 사색에 잠겨 있을 여러분을 생각하니 왠지 대견스럽고 아름답습니다. 그런데 여러분을 둘러싼 이 세상에는 어떤 것들이 존재하나요? 우선 눈에 보이는 것들만 살펴볼까요? 우리가 모여 사는 도시가 있고, 수많은 생명체를 키우는 산과 바다가 있네요. 고개

사람으로 살아간다는 것

를 드니 해와 달 그리고 별이 빛나는 우주가 우리가 사는 이 지구를 품고 있군요. 이제 눈에 보이지 않지만 존재하는 것에는 무엇이 있는지 살펴볼까요? 사랑과 미움, 분노와 동정심, 불안과 희망은 물론이고 물건이나 일에 부여하는 가치나 의미 역시 눈으로 직접 볼 수 있는 건 아니지만 분명히 존재하는 것들이지요. 그런데 눈에 보이는 것들이든 눈에 보이지 않는 것들이든 모든 것들은 마치 조그마한 텔레비전에 대자연과 광활한 우주가 펼쳐지듯 인간의 의식에 나타난답니다. 심지어 '아! 자연에서 태어난 나라는 존재는 이 우주에서 티끌보다 못한 존재구나. 나 자신에 대한 집착을 버리고 겸손하게 살자'며 스스로를 낮출 때, 이런 생각 역시 다른 어느 곳이 아니라 바로 우리들 마음속에 나타나는 것입니다. 따라서 이 세상에 존재하는 것들을 살펴보기 위해서는 그런 것들이 나타나는 우리 자신을 먼저 살펴볼 필요가 있겠지요? 그런데 생명체인 인간이 인간으로 존재한다는 것은, 인간으로서 살아가고 있다는 것을 의미합니다. 이런 이유에서 인간 존재에 대한 탐구는 인간이 어떻게 살아가고 있는가에 대한 탐구와 같습니다.

사람다움이란 무엇인가?

어렸을 때 읽었던 피노키오 이야기 잘 알죠? 말썽꾸러기 피노키오는 인형일까요, 사람일까요? 나무로 만든 팔과 다리만 보면 확실히 인형이죠. 그런데 가끔 피노키오가 사람처럼 보이기도 합니다. 피노키오가 짓궂게 장난을 칠 때, 거짓말을 할 때, 울고 웃을 때는 사람과 다르지 않은 것 같습니다. 그렇다면 겉모습뿐만 아니라 말이나 행동, 태도 등 정신과 관련된 부분이 사람인지 아닌지를 구분해주는 요소일 것입니다. 어느 날 고릴라와 로봇이 여러분 교실에 들어와서 함께 수업을 듣는다고 상상해보세요. 털이 숭숭 나고 근육이 울퉁불퉁한 고릴라가 여러분 곁에 앉아 있으면 처음에는 좀 무서울 것입니다. 번들번들하고 각진 외모를 한 채 뒤뚱뒤뚱 걸어온 로봇은 생명체와는 거리가 먼 기계인형처럼 보일 테고요. 그런데 사람과 다른 이런 외모를 지닌 고릴라와 로봇이 얌전히 앉아 수업에 열중한다고 상상해보세요. 처음에 여러분은 이들을 쿡쿡 연필로 찔러보면서 다루기 만만한 동물이나 기계인형쯤으로 여길 것입니다. 그런데 이들이 컴퓨터를 이용해서 선생님의 질문에 여러분보다 대답을 더 잘 하고, 가끔씩 교실이 떠나갈 정도로 웃긴 농담도 하면서 수업 분위기를 이끈다고 생각해보세요. 과연 이때도 고릴라와 로봇이 사람보다 못한 동물이나 기계인형으로만 보일까요? 아마 여러분과 동등한 자격을 갖춘 인격체로 보이기 시작할 것입니다. 겉모습은 우리와 다르지만, 말하거나 행동하는 게 사람과 유사하다면 자연스럽게 그렇게 느끼겠지요. 이제 우리 인간에 대해 생각해볼까요? 사람이 하는 말이나 행동이라고 해서 모두 사

사람으로 살아간다는 것

람을 사람답게 보이게 하는 건 아닙니다. 좀 더 사람다운 말과 행동이 있지요. 가령 번뜩이는 지혜나 심금을 울리는 말 그리고 남을 배려하는 행동 등이 그것들이지요. 거짓말을 하고 짓궂게 놀기만 하던 피노키오가 언제 진짜 사람이 될 수 있었는지 생각해보세요. 바로 책임감 있고 신중한 말과 행동을 했을 때입니다. 일상생활에서도 우리는 사람답지 않은 말과 행동을 하는 사람에게 동물이나 더러운 물건의 이름을 붙여 "xx 같은 놈아 사람답게 행동해라!"라고 말하지요? 말과 행동이 사람답지 못한 사람은 거짓말만 늘어놓던 피노키오처럼 점점 사람다움을 잃어간다고 여기는 것입니다.

그런데 우리는 정신적인 면 외에도 뼈나 살처럼 물질적인 면도 지니고 있습니다. 나무인형이던 피노키오나 기계인형이던 로봇만 그런 게 아니라 우리 몸도 기본적으로 물질로 구성되어 있는 것이지요. 다른 한편 우리는 동물과도 공통점이 있지요. 우리가 먹고, 자고, 뛰고, 자식을 낳듯이 고릴라와 같은 동물도 먹고, 자고, 뛰고, 자식을 낳습니다. 그런데 단순한 물질이나 동물과 우리는 어떤 부분이 다른가요? 겉모습만 보아도 금방 구분된다고요? 우리는 단지 겉모습이 아니라 정신이나 내면을 보여주는 말과 행동에 따라 사람다움을 판단한다는 사실을 위에서 살펴보았습니다. 고대 그리스 철학자 아리스토텔레스도 겉모습이 아니라 정신적인 면에 주목하며 인간을 생각하는 동물, 언어적 동물, 사회적 동물이라고

사람으로 살아간다는 것

정의합니다. 여러분이 키우는 애완동물도 나름대로 생각이 있는 것 같다고요? 새들도 **짹짹짹** 말을 하고 늑대나 개미도 사회적 관계를 맺고 산다고요? 네, 맞습니다. 그런데 인간의 사유 능력은 동물과 다르지 않을까요? 인간의 생각하는 능력은 자연에는 없었던 컴퓨터와 같은 도구를 발명하거나 법이나 도덕과 같은 행동 규칙을 만들기도 합니다. 또한 생존에는 꼭 필요해보이지 않는 감동적인 소설이나 음악도 만들어낼 수 있습니다. 인간은 먼 미래를 걱정하거나 수천 년 전 과거나 현재를 반성하면서 자신을 변화시킬 생각도 하고요. 이러한 사유 능력 때문에 인간은 동물과 달리 세월이 흐르면 예전과는 전혀 다른 삶을 살 가능성이 있답니다. 이런 의미에서 인간을 '가능 존재'나 '역사적 존재'라 부를 수 있습니다. 아리스토텔레스가 "인간은 생각하는 동물이다"라고 선언할 때 인간의 사유 능력은 이런 수준을 말합니다. 이 정도 수준의 사유 능력을 바탕으로 복잡한 언어와 사회적 관계를 형성하면서 사는 존재라는 것입니다. 그런데 앞에서 살펴보았듯이 사람 안에는 사람다운 모습만 있는 것이 아니라 나무와 같은 물질적인 측면이나 고릴라나 사자와 같은 동물적인 측면도 있습니다. 그럼 이제부터 인간만의 특징들을 좀 더 자세히 살펴볼까요?

존재

인간, 자유롭기에
책임질 수 있는 존재

혹시 '매일 학교와 학원을 오가며 공부에 쫓기는 우리에게 과연 자유란 있는 것일까?'라고 생각해본 적 있나요? 이렇게 공부하는 것은 여러분의 의지나 선택과 무관하게 이 시대에 한국 사람으로 태어났기 때문에 어쩔 수 없이 해야 한다고 여길 수도 있습니다. 만약 우리가 원시시대에 태어났다면 지금처럼 학교에서 대부분의 시간을 보내지는 않았을 테니까요. 따라서 우리가 지금 이렇게 살아가는 것은 일정 부분 우리의 자유로운 선택과 무관하게 우리에게 일방적으로 주어졌다고 할 수 있습니다. 그렇지만 우리의 삶은 우리들 자신의 판단과 선택에 따라 달라지는 경우도 있지 않을까요?

실제로 우리 주변에는 남들이 부러워하는 학교나 직장을 떠나 자신만의 길을 개척해가는 사람들도 있습니다. 어떻게 이런 일이 가능할까요? 이런 일은 자신이 처한 상황을 곰곰이 생각한 후에 자신이 원하는 것을 선택하여 행한 결과라고 볼 수 있습니다. 우리는 '지금 내가 뭘 하고 있지? 과연 제대로 살고 있나? 잘 사는 데 필요한 것은 무엇일까?'와 같은 질문을 스스로에게 던집니다. 그런데 생각해보세요. 우리는 본능에 따라 뭔가를 할 때 그것을 자유로운 행동이라고 하지 않습니다. 본능과 무관하게 바람직하다고 판단하여 행할 때, 우리는 자유로운 의지에 따라 뭔가를 했다고 인정합니다. 본능에 예속되지 않고 의지의 자유에 따라 할 수 있는 것은 결국 상황을 이해하고 판단할 수 있는 사유 능력이 뒷받침되기 때문입니다. 인간을 포함하여 의자, 나무, 집, 산, 도시 등 세계를 이루는 모든 존재자들이 가지는 자유는 그들이 지닌 사유 능력에 비례한다고 말할 수 있을 것입니다. 그런데 어떤 것이 자신에게 이득이 되는지 계산하는 사람이 있고, 그런 계산이 과연 인간적인 삶인지에 대해서 생각해보는 사람도 있을 겁니다. 이중 어떤 경우에 인간은 더 자유로워지는 것일까요? 물론 후자겠지요. 어느 정도 실천하느냐에 차이가 있을 뿐 사유 능력을 지닌 모든 인간은 눈앞의 이익을 뛰어 넘어 생각할 수 있는 '자유로운 존재'라고 할 수 있습니다.

생각하는 동물로서 인간은 자유로운 존재이기에 타고난 본성과 사는 환경이 같더라도 똑같은 삶을 사는 것이 아니라 각자 자신만의 삶을 살 수 있습니다. 인간은 자신의 의지대로 행위할 수 있는 자유로운 존재이기 때문에 자신이 한 행위에 대해 책임질 수 있습니다. 따라서 우리는 인간을 '책임 존재'라고도 칭할 수 있을 것입니다. 물론 생각하는 능력이 있다고 해서 인간이 무한정 자유롭다거나 자신의 모든 행동에 대해 책임을 질 수 있는 것은 아닙니다. 자신의 행동에 대해 얼마나 책임을 지느냐는 우리가 얼마만큼 환경이나 타고난 본성에서 자유로울 수 있는지를 고려해서 판단해

존재

야 할 것입니다.

일하는 인간, 호모 파베르

한참 게임을 즐기고 있는데 부모님이 심부름을 시키면 썩 내키지가 않지요? 그런데 누가 시키지 않는데도 스스로 일을 열심히 하면 어떨까요? 자발적으로 어질러진 방을 정리하면 칭찬도 듣고 여러분 기분도 말끔해지는 느낌이 들 것입니다. 이렇듯 일을 하면서 사람들에게 인정도 받고 재미도 느낀다면 뿌듯함을 느끼겠지요? 어떤 일을 한다는 것이 인간에게는 매우 큰 의미입니다. 동물도 생존을 위해 그들 나름대로 일을 한다고요? 그렇지만 동물들이 하는 일의 대부분은 먹을 것을 구하는 활동입니다. 그리고 동물들은 천 년 전이나 지금이나 생존을 위해 하는 일이 거의 똑같습니다. 세월이 흘렀는데도 하는 일이 같다는 것은 삶에 변화가 없다는 뜻입니다. 삶에 변화가 없다는 것은 역사가 없다는 뜻이기도 하지요.

사람들은 무슨 일을 하며 사나요? 같은 인간인데도 사람에 따라 하는 일이 매우 다양합니다. 여러분이 사는 동네를 살펴볼까요? 어떤 아저씨는 컴퓨터 프로그램 제작 일을 하고 또 어떤 아줌마는 환자를 치료하고, 어떤 형은 피자나 우편물을 배달하지요?

여러분 동네 사람들이 하는 일만 세 봐도 아마 백 가지가 넘을 것입니다. 그런데 과거에는 사람이 할 수 있는 직업이 지금처럼 다양하지 않았습니다. 직업이 다양하지 않았을 뿐만 아니라 하고 싶은 일을 자신이 선택할 수도 없었습니다. 과거에는 대부분의 사람들이 타고난 신분이나 집안에 따라 할 수 있는 일이 정해진 경우가 많았기 때문이죠. 그러나 지금은 직업도 다양해졌고, 직업을 자유롭게 선택할 수 있습니다. 일을 통해 만들어내는 물건도 매우 다양해졌고요. 하는 일도 달라지고, 일을 통해 만들어 사용하는 물건도 다르니 옛날 사람과 지금 우리는 사는 방식이 크게 다르겠지요? 옛날에는 대부분 농사를 지었으니 많은 사람들이 농민의 삶을 살았고, 놀이도 농사일과 관련된 것이 많았습니다. 그런데 과학기술시대인 오늘날에는 어떤 사람은 하루 종일 운전을 하고, 또 어떤 사람은 문서를 작성하거나 물건을 팔고 또 어떤 사람은 기계조립을 하는 등 다양한 일을 합니다. 일과가 끝나면 컴퓨터 게임을 하거나 텔레비전이나 영화를 보는 등 과학기술을 바탕으로 노동이 만들어낸 물건과 문명 속에서 살아갑니다. 철학자 맑스Karl Marx(1818~1883)는 "노동이 인간을 완성한다"라고 주장했습니다. 동물과 달리 인간은 태어나면서 삶과 존재 상태가 결정되는 것이 아니라 노동을 통해 사는 모습과 존재 상태를 스스로 만들어가는 존재라는 것입니다. 철학자 아렌트Hannah Arendt(1906~1975)는 하는 일의 성격에 따라 인간을 '아니말 라보란스animal laborans'와 '호모 파베르

존재

homo faber'로 구분합니다. '아니말 라보란스'는 세상과 차단된 채 일에 몰두하는 '일하는 동물'을 의미합니다. '도구를 만드는 인간'이란 뜻을 지닌 '호모 파베르'는 공동의 삶을 만들기 위해 윤리와 도덕을 돌아보며 '일을 하는 인간'을 상징하고요. 그렇다면 우리에겐 세상과 동떨어진 채 홀로 있는 것처럼 일하는 마음보단 공동의 삶을 보며 일하는 호모 파베르적인 생각이 필요하겠지요.

　　다른 한편 어떤 일을 어떻게 하느냐에 따라 사람들 사이의 관계도 달라질 수 있습니다. 컴퓨터 프로그래머는 프로그램을 잘 만드는 사람으로 인정받고 싶어 하고, 제빵사는 빵을 잘 만드는 사람으로 인정받고 싶어 할 것입니다. 그렇게 되면 컴퓨터 프로그래머나 제빵사는 자기 집에서는 딸이나 아들 혹은 형이나 누나, 아빠나 엄마로 불리겠지만, 스스로를 좋은 프로그래머나 제빵사로 여기기도 할 것입니다. 부모님도 자식이 하는 일이 자랑스러우면 이름 대신 '김탁구 제빵사님', '우리 김 박사님'처럼 직업의 이름을 불러주기도 합니다. 그런데 만약 컴퓨터 프로그래머나 제빵사가 자신을 무시하고 괴롭히는 사장에게 불만을 갖고 '내가 너보다 더 큰 사업가가 될 거야'라고 결심한다면, 그 순간 그는 자신을 더 이상 단지 컴퓨터 프로그래머나 제빵사로만 여기지 않을 것입니다. 새로운 일을 하기로 결심하는 순간, 인간은 자신의 삶과 존재를 바꿀 수 있기 때문이지요. 이렇게 되면 사장님을 예전과 똑같이 존경하거나 인정하려들지 않겠지요? 만약 사장님도 이 사실을 눈치 챈다면,

　　　　　　　　　사람으로 살아간다는 것

자신을 사장으로 제대로 인정하지 않는다고 화를 낼 것입니다. 사장님 마음 한구석에는 '내가 사장답지 못한가?'라는 의구심도 들겠지요. 이처럼 사람들은 일을 하면서 자신의 신분이나 존재 상태를 확인받고 싶어 합니다. 이를 일컬어 철학자 헤겔Georg Wilhelm Friedrich Hegel(1770~1831)과 호네트Axel Honneth(1949~)는 사람들이 서로 인정을 받으려고 싸우는 것을 '인정투쟁'이라고 불렀지요. '인정투쟁'은 사회적 존재로서 인간 존재의 가장 중요한 특징입니다.

우리 함께 생각해봐요. 시대에 따라 사람들이 하는 일과 그 일을 통해 만들어낸 것들을 가지고 사는 방식이 다르지요? 그렇다면 옛사람과 오늘날 사람은 자기 자신에 대해 느끼는 생각이 어떻게 달라졌을까요?

내가 소유한 것이 바로, 나

사람이란 스스로 무엇을 선택하고 어떤 일을 하느냐에 따라 사는 모습과 존재가 달라질 수 있다는 사실을 앞에서 살펴보았습니다. 그런데 인간의 삶과 존재는 무엇을 어떻게 소유하느냐에 따라서도 크게 달라질 수 있습니다. 우리 주변에서 사례를 찾아볼까요? 자동차와 전화기가 없었던 때와 자동차와 전화기가 있을 때 그리고 최신형 스마트폰을 가지고 있을 때는 생활하는 데 차이가 있

존재

습니다. 자동차와 전화기가 없던 시절에는 밖에 나와 있을 때 연락을 받고 집에 간다는 생각을 못했겠죠? 자동차와 전화기가 널리 보급되면서 그런 불편함이 점점 사라지고 인간은 공간적 제약을 넘어 서로 소통하며 살게 되었습니다. 교통통신이 발전하지 않았던 시절에 사람들은 서로 소통하기 위해 먼 곳까지 걸어가거나 말을 타고 가야 했습니다. 이때는 힘도 많이 들고 시간도 많이 걸려서 사람들은 자기가 사는 고장을 쉽게 벗어나지 못하고 살았습니다. 하지만 교통통신이 발전한 오늘날에는 아주 먼 곳도 빠른 시간에 갈 수 있게 되었고, 그에 따라 남는 시간과 힘을 다른 곳에 쓰면서 살게 되었습니다. 편리한 도구들을 갖게 된 우리는 과거 인류와 다른 삶을 살고, 그런 만큼 존재하는 모습도 달라졌다고 할 수 있습니다. 소유가 존재를 변화시킨 것이지요. 소유를 통해 삶과 존재 방식이 달라질 수도 있기 때문에 우리는 같은 도구라도 좀 더 좋은 것을 많이 갖고 싶어 합니다. 그리고 자본주의 시대인 지금은 돈이 이것을 가능하게 해줍니다. 그래서 우리는 어떻게든 돈을 많이 벌려고 노력하지요. 가능하면 많은 돈을 벌기 위해 우리는 똑같은 상품이나 노동에 대해서도 최대한 많은 이익을 내려고 합니다. 무엇을 소유하느냐에 따라 삶이 달라지는 인간은 이로써 최대이익을 목표로 살아가는 '경제적 인간'이 되는 것입니다. 경제적 인간에게는 물건뿐만 아니라 인간의 외모나 재능까지도 돈으로 팔고 살 수 있는 상품이 됩니다.

사람으로 살아간다는 것

그런데 돈에 별로 욕심이 없고, 돈이 있어도 굳이 비싼 물건을 사지 않는 사람도 있습니다. 그런 사람들은 왜 돈이나 물건에 욕심을 내지 않을까요? 이 세상에는 돈으로 살 수 없는 게 있고, 물질로는 충족시킬 수 없는 게 있다는 것을 알기 때문이 아닐까요? 철학자 비트겐슈타인Ludwig Josef Johann Wittgenstein(1889~1951)은 부모님으로부터 물려받은 재산이 많아 형편이 넉넉했습니다. 그러나 그는 다른 부자들처럼 돈을 쓰거나 불리는 데 관심이 없었습니다. 그의 방에는 공부하는 데 필요한 책상과 자는 데 필요한 침대 외에는 별다른 가구도 없었지요. 그가 방을 최대한 소박하게 꾸민 이유는 이런 저런 물건들에 현혹되면 철학적인 지혜가 가려진다고 생각했기 때문입니다. 그가 진정 갖고 싶었던 것은 철학적 지혜였지요. 비트겐슈타인이 그랬던 것처럼 우리도 돈이나 물질보다는 지혜나 삶의 보람을 더 추구하면서 살 수 있을 것입니다. 인간은 무엇을 더 많이 소유하며 어떻게 살 것인가를 자신만의 판단에 따라 자유롭게 선택할 수 있는 존재이기 때문입니다. 고급 승용차나 큰 회사 대신 사랑하는 사람이나 친구가 생기면서부터 우리의 삶은 좀 더 가치 있고 풍성해질 수도 있을 것입니다. 그래서 어떤 사람은 물건이나 돈에만 집착하지 않고 지식을 쌓고 친구를 사귀는 데도 큰 공을 들이는 것이지요.

　　철학자 프롬Erich Fromm(1900~1980)은 《소유와 존재To Have or To Be?》 (1976)라는 책에서 인간이 소유에 집착하게 되면, 행복해지는 것이 아니라 오히려 불행해질 수 있다고 말합니다. 프롬은 왜 이렇게 주장할까요? 어느 한적한 산길을 가다 우연히 본 예쁜 꽃을 마음속으로 떠올리면서 마냥 행복해하는 사람이 있습니다. 그러나 길가에 핀 꽃을 꺾어서 자기 집을 장식해야만 만족하는 사람도 있습니다. 이 사람은 세상에 존재하는 것들을 존재하는 그대로 둔 채 그것이 지닌 가치와 아름다움을 즐기기보다는 그것을 자신만의 것으로 만들어야만 만족합니다. 그러다보면 소유에 집착하게 되고, 이런 집착이 사람을 돈의 노예로 만들기도 하겠지요. 이런 이유에서 법정 스님은 《무소유》라는 책에서 무엇인가를 소유할 때보다는 가진 것을 버리며 자유로워질 때 더 행복해질 수 있다는 진리를 우리에게 전합니다. 그렇다면 인간이란 어떤 것을 갖느냐에 따라 삶이 풍요로워질 수도 있지만, 어떤 것을 버림으로써 삶이 더 풍요로워질 수 있는 존재라고 할 수 있을 겁니다.

생각해보세요. 현재 여러분이 가장 갖고 싶은 게 무엇인가요? 물건, 사람, 지식 등 생각나는 대로 모두 써보세요. 그런 것들을 왜 갖고 싶지요? 그것을 갖게 되면 그것을 갖지 않았을 때와 무엇이 달라질까요? 겉모습이 달라지나요? 마음은 어떻게 변하나요?

사람으로 살아간다는 것

나 그리고 나를 둘러싼 세계

길가에 버려진 화분을 본 적이 있지요? 화분 속에는 무엇이 있나요? 초라하게 시들었지만 아직은 살아 있는 식물이 있을 거예요. 그 화분을 챙겨서 깨끗이 닦은 후 여러분이 원하는 자리에 놓아보세요. 어디에 놓느냐에 따라 집안 분위기는 물론이고 화분도 다르게 보일 것입니다. 어디에 놓고 어떻게 관리하느냐에 따라 이전의 초라한 모습 대신에 파룻파룻하고 풍성한 나무를 간직한 화분이 될 수도 있지요. 버려진 물건이나 식물은 물론이고 사람도 어디서 어떻게 사느냐에 따라 그 가치가 크게 달라질 수 있습니다. 사람은 개성도 각양각색이고 처한 환경도 다양합니다. 사람들 중에는 학교나 직장, 가정에서는 미운 오리새끼처럼 취급받다가도 새로운 장소, 새로운 세계에서는 크게 주목받는 경우도 많습니다. 앞서 사람이 자기 스스로 살아가는 방법을 선택할 능력이 있다고 이야기했습니다. 우리에게는 그런 능력이 있는 만큼 새로운 세상에 적응해 살 수 있는 가능성도 높을 것입니다. 비록 지금은 좋지 않은 환경에 놓여 있더라도, 자기 자신을 하찮게 여기며 미래를 포기해서는 안 되겠지요?

자신이 어떤 상태인지를 생각할 수 있고, 노동을 통해 자신을 만들어갈 수 있는 존재인 인간은 자신을 둘러싼 환경이나 세계에 적응할 수도 있고 그것을 변화시킬 수도 있습니다. 반대로 인간을

존재

둘러싸고 있는 환경과 세계가 인간에게 막대한 영향을 주고 있기도 합니다. 가령 음악가 집안에서 태어난 아이는 음악적 감수성이 뛰어난 경우가 많습니다. 산이나 바다로 둘러싸인 곳에서 자란 사람은 그 심성이 산과 바다를 닮게 되지요. 이런 점에서 사람은 자신이 살던 세계와 따로 뗄 수 없는 관계라고 볼 수 있겠지요. 아리스토텔레스는 사유 능력을 인간의 가장 큰 특징으로 여겨서 "인간은 생각하는 동물이다"라고 정의했다고 앞에서 이야기했습니다. 이에 비해 독일의 현대철학자 하이데거Martin Heidegger(1889~1976)는 인간을 '세계-내-존재'라고 칭합니다. 인간이란 자신이 사는 세계와 처음부터 뗄 수 없게 엮여서, 그런 친숙한 세계에 머물고 그 세계에서 만나는 것들을 챙기며 살아간다는 점을 강조하기 위해서 '세계-내-존재'라는 개념을 만든 것이지요. '세계-내-존재'로서 인간의 정신은 뭔가를 분명하게 판단하고 선택하기 전에 이미 자신이 살아가는 세상으로 채워져 있다고 볼 수 있습니다. "나는 생각한다. 고로 존재한다"라고 선언하며 사유 능력을 인간의 본질적 특징으로 여긴 데카르트René Descartes(1596~1650)는 인간의 정신과 물질적 세계가 본질적으로 서로 다르다고 주장합니다. 데카르트에 따르면 인간의 정신은 몸속에 깃든 채 몸 바깥의 외부세계를 바라보고 있습니다. 이 경우 인간 정신과 세계는 서로 별개로 존재하겠지요. 그러나 하이데거는 인간의 정신은 자신이 살아가는 세계로 채워져 있으므로 정신과 세계는 서로 분리되는 게 아니라고 주장한 것입

사람으로 살아간다는 것

니다. 하지만 그렇다고 해서 세계가 인간 자신과 완전히 똑같다는 뜻은 아닙니다. 만약 여러분 자신을 둘러싼 세상을 여러분 자신이 원하는 대로 바꾸고 싶을 때 그런 마음은 세상과 구분되는 여러분 자신이라고 할 수 있습니다. 이런 이유 때문에 하이데거는 인간을 단지 '세계'라 칭하지 않고 '세계-내-존재'라 칭한 것입니다.

'세계-내-존재'로서 인간은 의자, 책상, 부모님 집, 나무, 산, 도시 등 세계를 이루고 있는 존재자들을 마치 과학자가 실험실에서 실험 대상을 바라보듯 자신과 무관한 것처럼 객관적인 이성의 눈으로 보지 않습니다. 세계를 이루고 있는 모든 존재자들은 인간의 삶과 관련된 일종의 도구라고 볼 수 있지요. 모든 도구들에는 그 쓰임새나 가치, 의미가 있습니다. 따라서 인간이 살아가는 생동하는 실제세계는 과학자들이 실험실에서 연구 대상으로 설정한 세계와는 다릅니다. 과학자들은 세계가 누구에게나 동일한 하나의 객관적인 존재라고 상정한 후 세계를 관찰합니다. 그러나 우리가 사는 세계는 언제나 다양한 가치와 의미가 붙어 있고, 그것은 사람마다 조금씩 차이가 납니다. 따라서 물리적으로 볼 때는 같은 공간에 존재하는 사람도 철학적으로 볼 때는 자신만의 고유한 세계 속에 산다고 볼 수 있습니다. 과학이 주장하는 객관적인 세계는 우리가 친숙한 생활세계와의 교류를 중단한 채 이성의 눈으로 관찰할 때 드러납니다. 이런 이유에서 과학이 밝혀낸 객관적인 세계는 생활세계보다 나중에 드러나는 것이라고 말할 수 있습니다.

이제 여러분은 과학자들이 밝혀낸 객관적인 세계가 인간이 살아가는 유일하고 절대적인 세계가 아니라는 사실을 깨달았을 것입니다. 인간은 눈앞에 주어진 세계를 그대로 받아들이며 살지 않고, 주어진 환경을 자기 자신에 맞게 고치며 살 수 있는 능력이 있다는 점도 앞에서 살펴보았지요? 오늘날 우리가 과거와는 크게 다른 모습으로 사는 것은 눈앞에 놓인 세계만을 유일한 세계로 보지 않고 자신이 추구하는 가치나 삶의 의미에 따라 눈앞에 보이지 않는 세상을 꿈꾸며 살았기 때문일 것입니다. 여러분도 어른들이 만들어놓은 세계에만 머물러 있지 말고 여러분만의 세상을 만들어보세요.

혼자읽어도좋은책

피노키오는 사람인가, 인형인가?

양운덕 지음
휴머니스트, 2012

청소년들에게 익숙한 동화인 《어린왕자》나 《피노키오》 등을 소재로 삼아, 철학적으로 생각하는 방법과 철학하는 즐거움을 전해주는 책이다. 특히 피노키오 이야기를 통해 인간이 되고 싶은 피노키오가 갖춰야 할 조건이 무엇인지 하나씩 설명해주는 부분이 인상적이다. 또한 이 책은 철학을 처음 만나는 청소년들이 일상에서 마주하는 문제들을 철학적으로 생각해볼 수 있게 도와줌으로써 '질문을 던지는 법'과 '답을 찾는 법'을 배울 수 있게 한다.

무소유

법정 지음
범우사, 1999

이 책의 제목이자, 저자인 법정 스님이 강조했던 '무소유'는 모든 것을 존재하는 그대로 바라보는 상태를 뜻하는 불교 용어이다. 인간 존재만 위대한 것이 아니라 우리 주변의 동물과 식물, 또한 사물들 역시 각자 존귀하다는 의미를 담고 있다. 이 책은 법정 스님의 이러한 가르침을 풍부하게 볼 수 있다. 내용이 어렵지 않지만 사유할 거리가 풍부하게 담겨 있어 청소년들에게 꼭 추천하고 싶다.

반대 개념으로 배우는 어린이 철학

오스카 브르니피에 지음
박창호 옮김
미래아이, 2008

사실 인간 존재와 세계에 대해 철학적으로 탐구하는 일은 그리 쉽지 않다. 철학 분야에서도 존재론과 형이상학 등에서 주로 다루는 것으로 '본질'과 '현상', '이성'과 '감정', '신체'와 '정신', '자아'와 '타자' 등 추상적인 개념들이 많이 등장한다. 그렇지만 이 글을 읽고 존재에 대해 관심이 생겼다면 이 책을 권한다. 존재론에서 다루는 주요한 개념들을 반대되는 것들끼리 모아 그림을 곁들이며 친절하게 설명해주기에 개념에 대한 기본 토대를 세울 수 있을 것이다.

존재

만약에 철학자라면: 부모와 교사를 위한 어린이 철학 안내서

피터 월리 지음
이세진 옮김
행성B잎새, 2013

철학을 전공하는 이들을 위한 체계적인 입문서는 많지만, 비전공자들이 일상생활을 철학적으로 생각해볼 수 있도록 도와주는 입문서는 드물다. 이 책의 저자 피터 월리는 철학자이자 교육자로 오랫동안 어린이, 청소년들에게 철학을 가르치며 '자기 주도로 생각하기', '내버려두기'와 같은 교수법을 개발했다. 이 책은 이러한 노하우를 바탕으로 자연스럽게 논리적 사고력을 키울 수 있는 내용들을 구성해놓았다.

생각하고 토론하는 철학수업

철학, 윤리, 논술 교육을 위한 철학수업

강순전·이진오 지음
학이시습, 2011

《생각하고 토론하는 철학수업》은 각 장 첫머리에서 구체적 예화를 통해 자유, 양심, 이성, 인간다움, 소유와 행복 등에 대해 쉽고 흥미 있게 소개한 후 관련된 철학 사상을 난이도 별로 다루고 있다. 따라서 이 책은 이 글의 각 글꼭지 내용과 관련된 철학 사상이 무엇인지 살펴보는 데 도움이 된다. 또한 교사용인 《철학, 윤리, 논술 교육을 위한 철학수업》에는 주요 개념과 문제에 대한 해설이 나와 있어서 내용을 정확히 이해했는지 확인할 수 있다.

실존주의는 휴머니즘이다

장 폴 사르트르 지음
박정태 옮김
이학사, 2008

프랑스의 현대철학자인 사르트르는 실존주의 사상의 대표자 중 한 명이다. 문학, 정치, 철학 분야의 다양한 분야의 책을 남겼는데 그중에서 이 책은 '수많은 구속에도 불구하고 어떤 근거에서 인간이 자유로운 존재인지', '자유는 왜 책임을 동반하는지', '어떻게 인간이 자신의 삶의 주인으로서 자기 자신과 세계를 만들어가는 존재인지' 설명해준다.

언어

사람, 사물 그리고 말의 관계

서동은

,,

우리 주변에는 함께 살아가는 많은 사물들과 이웃들이 있습니다.

사물들의 이름들에 주목해보고,

주변의 여러 사람들과 진지하게 대화해보시길~~~

학교에 새로운 친구가 전학을 왔습니다. 일본에서 태어나 15년을 넘게 살았대요. 외국에서 온 친구라 신기하기도 하고, 한국말을 서툴게 하는 것도 재밌어서 저는 그 친구랑 이야기하는 걸 좋아합니다. 그런데 얼마 전, 독도 이야기가 나왔는데 그 친구가 독도를 '다케시마'라고 하는 거예요. 심지어 오늘 국사 시간에는 교과서에 나온 안중근 의사를 '테러리스트'라고 부르더라고요. 일본의 국왕을 죽였다고요. 정말 충격을 받았습니다. 제국주의 침략자를 죽인 독립운동가라고 저는 당연하게 생각해왔거든요. 왜 그 친구와 저는 같은 사람, 같은 상황을 두고 다르게 부르는 건지, 대체 우리가 하는 말, 우리가 하는 생각은 누가 만드는 건지 궁금해졌습니다. 왜 우리는 다른 생각을 하고, 다른 이름을 지어서 부르는 걸까요?

말과 사물의 관계

평생 우리는 말을 배우고, 말을 사용하며 살아갑니다. 우리는 하루도 말하지 않고 살 수 없지요. 그런데 말은 여러 가지 기능을 합니다. 그중 하나는 사물에 이름을 붙여주는 것이지요. 우리는 집

사람, 사물 그리고 말의 관계

에서나 학교에서나 각자 이름이 있어서 서로의 이름을 부르고, 우리 주변에 있는 사물들의 이름도 부르면서 생활합니다. 말은 또한 나의 생각을 표현해주기도 합니다. 즉 내가 생각한 것을 남에게 전달합니다. 이렇듯이 말은 우리 생활에서 아주 중요한 역할을 하지요. 만약에 말이 없어서 사물을 가리키지 못하고 우리의 생각을 표현하지 못한다면 어떨까요? 말없이 한 시간만 있어보면 우리는 말이 우리 생활에서 얼마나 중요한지 금방 깨닫게 될 것입니다.

또한 말은 그 말을 사용하는 문화와 아주 밀접하게 관련되어 있습니다. 말을 어떻게 하느냐에 따라 그 사람의 인격도 드러나고, 그 사람의 생각이나 가치도 알 수 있지요. 서양 사람이나 아프리카 사람이나 똑같이 말을 하며 살고 있지만, 말하는 방식에 많은 차이가 있습니다. 자신이 처한 위치에 따라 한마디 말이 의미하는 것도 달라집니다. 나의 편에서는 오른쪽이지만, 상대방의 입장에서는 왼쪽이 되는 것처럼, 자신이 있는 시간과 공간의 위치에 따라 사물에 대한 태도 또한 다르지요.

어떤 사람의 이름이나 장소에 대한 명명도 아주 중요합니다. 만약 선생님이 여러분의 이름을 잘 몰라서 부르지 못하고, 이름을 알고 있는 다른 친구들과만 대화를 한다면 여러분은 매우 섭섭할 것입니다. 마치 나의 존재가 없는 것처럼 무시당한다고 느끼기도 하겠지요. 이름이 없으면 존재하지 않는 것이나 다름없기 때문이지요. 그래서 이름을 가지는 것은 아주 중요한 일입니다. 학교에서

언어

는 선생님이지만 집에서는 아버지로 불리는 것처럼, 같은 대상이지만 이름을 다르게 부르는 경우를 우리는 많이 경험합니다. 그 다른 이름에 따라 다른 역할이 주어지고, 다른 사건이 일어남을 경험하는 것이지요.

'금성과 샛별', '독도와 다케시마' 등은 같은 대상에 대한 서로 다른 이름 붙이기의 사례라고 할 수 있습니다. 일본은 우리나라 섬인 울릉도 옆에 있는 독도를 자꾸 자기네 땅이라고 주장합니다. 그리고 그 섬은 독도가 아니라, 다케시마(竹島)라고 말합니다. 이 섬은 독도獨島일까요? 다케시마일까요? 또 일본은 우리나라 동쪽에 있는 바다가 동해가 아니고 일본해라고 주장합니다. 그렇다면 이 바다는 동해일까요? 아니면 일본해일까요? 과연 어떤 이름이 맞는 걸까요? 일본 사람의 입장에서 보면 다케시마일 수도 있겠지요. 하지만 한국 사람의 입장에서는 다케시마라는 섬은 존재하지 않습니다.

만약 이 섬이 독도로 불리지 않고 다케시마라고 불리게 되면 어떤 일이 벌어질까요? 지금 당장은 몰라도, 언젠가는 많은 사람들이 그 섬은 일본 영토에 있다고 생각하겠지요. 만약 세계지도에 그 이름이 국제적인 이름으로 불린다면 세계 여러 나라 사람들은 그 섬이 일본에 속한다고 생각할 것입니다. 만약 그렇게 된다면, 일본이 언젠가 그 땅을 빼앗은 다음, 자기네 땅이라고 우겨도 모두 그것을 당연하게 여길 것입니다. 어떤 이름으로 불리는가에 따라 자신의 것이 되기도 하고 남의 것이 될 수도 있습니다. 이처럼 이름을

사람, 사물 그리고 말의 관계

어떻게 부르느냐는 아주 중요한 문제이지요.

또 우리가 무심코 부르는 이름에는 어떤 사람의 생각이 긴밀하게 반영되어 있으므로 잘 생각해야 합니다. 예를 들어 '일본제국주의 시대'라고 하면, 식민지 지배를 했던 일본이 주인이라는 입장을 반영한 표현이지요. 하지만 '일본식민지 시대'라고 하면 식민지 지배를 당한 나라의 입장을 반영한 표현이 됩니다. 영어에 underdevelopment라는 단어가 있습니다. 이 단어는 한국말로 '개발도상국'으로 번역합니다. 그러나 이 이름은 '저개발 국가'로 번역할 수 있습니다. 발전된 국가와 대비되는 의미로 저개발 국가라고 불릴 수도 있고, 개발 국가에 가까이 있는 나라를 지칭하는 이름인 '개발도상국'이라 불릴 수도 있지요. 이름과 언어가 바뀌면 그에 따라 사물이 가지는 뜻과 가치도 달라집니다. 우리 주변에는 이러한 예들이 아주 많습니다.

무지개는 몇 가지 색깔을 가지고 있을까요? 우리는 무지개가 빨강, 주황, 노랑, 초록, 파랑, 남색, 보라 일곱 가지 색깔을 가지고 있다고 생각합니다. 그런데 어떤 사람들은 다섯 가지 색깔을 가졌다고 주장합니다. 과연 무지개에는 몇 가지 색이 있는 것일까요? 또한 개는 '멍멍' 짖는 걸까요, 아니면 '바우바우' 짖는 걸까요? 우리는 당연히 '멍멍' 짖는다고 생각하지만, 미국 사람이나 독일 사람은 그렇게 생각하지 않습니다. 과연 어떤 게 진짜 개 짖는 소리일까요? 이렇듯이 말을 사용하는 사람과 그 사람이 살고 있는 문화가 달라지면 소리와 색깔도 다르게 알려집니다. 이러한 차이가 나타나는 것은 무엇 때문일까요?

어른들은 뜨거운 국을 마시면서도 '아 시원하다'라고 말합니다. 우리는 더운 여름, 찬바람을 받거나 물에 뛰어들었을 때도 시원하다고 말하지요. 어떤 표현이 맞을까요? 혹은 표현은 서로 같지만 다른 느낌을 의미하는 것일까요? 친구가 길에서 넘어져서 '아이고 아파~'라고 말하면 나는 그 친구의 고통을 어떻게 이해할 수 있을까요? 나의 비슷한 경험에 입각해서 친구의 고통을 이해할 수 있을까요? 아니면 나는 절대로 그 친구가 그 순간 느낀 고통을 경험할 수 없을까요? 말은 이렇게 우리의 감정과 느낌뿐만 아니라 세상을 보는 우리의 태도와 생각을 결정합니다. 그래서 우리는 말로 세상을 '창조'하면서 산다고 말할 수도 있습니다.

같은 말, 다른 의미

우리는 서로 다른 문화를 가지고 살아갑니다. 문화가 다르면 생각하는 방식도 다를 수 있습니다. 또한 같은 문화 속에 사는 사람들 사이에서도 조금씩 생각의 차이가 있습니다. 그래서 같은 갈을 하면서도 서로 이해하지 못하는 경우가 종종 생깁니다.

한국 유학생이 독일에 처음 도착했을 때의 이야기입니다. 한 유학생이 밤에 독일 뮌스터^{Münster}에 도착했습니다. 그는 한국의 대학을 생각하고 택시기사 아저씨에게 뮌스터대학으로 가자고 말했지요. 하지만 아저씨는 뮌스터대학 어디로 가냐고 다시 물었습니다. 그는 다시 "뮌스터대학으로"라고 반복해서 말했습니다. 당황한 운전사는 그가 뮌스터대학 본관 건물을 말하는 줄 알고 본관 건물에 내려주었다고 합니다. 여기에서 왜 순간적으로 의사소통이 이루어지지 않은 걸까요?

한국의 유학생과 택시기사는 서로 다르게 대학이라는 말을 사용했기 때문이지요. 한국의 유학생은 한국처럼 대학 캠퍼스를 생각한 것이고, 택시기사는 도시 곳곳에 흩어져 있는 각 학과 건물 중 어디로 가야 하는지 물어본 것입니다. 왜냐하면 독일에서는 캠퍼스를 한국에서와 다른 의미로도 쓰기 때문이지요. 대상에 대한 서로 다른 경험은 이처럼 소통에 어려움을 주기도 합니다.

여기에 또 다른 일화가 있습니다. 어떤 남자친구가 전화로 여자친구에게 "죽고 싶어"라고 했는데, 이 말을 하고 나서 얼마 지나지 않아 연락이 끊어졌습니다. 여자친구는 걱정이 되어서 119에 신고를 했고, 아침에 남자친구는 119 대원이 자신의 집 문을 열고 들어오는 바람에 당황하게 되었지요. 그런데 사실 남자친구가 한 말인 "죽고 싶어"는 요즘 자신의 생활이 힘들다는 의미였습니다. 그리고 휴대폰을 변기에 빠뜨렸기 때문에 불통이 된 것이었고요. 아마 휴대폰이 화장실에 빠지지 않았다면 그런 오해는 없었을지도 모릅니다. 똑같은 말이라도 상황에 따라 때로는 '힘들다'는 의미로, 때로는 정말 '자살하고 싶다'는 의미로 이해할 수도 있습니다.

이러한 오해를 줄이려면 내가 생각하는 것과 다른 사람이 생각하는 것이 어떻게 다른지 알아야 할 필요가 있습니다. 말은 문화적 편견을 담고 있는 경우가 많습니다. 오늘날 우리가 쓰는 표현 중 '아시아'나 '동양'은 사실 서양 사람의 입장이 담겨 있는 표현입니다. 지구는 둥근데 서양 사람들이 사는 곳에서 보면 우리가 동쪽에 위치해 있기 때문에 우리가 사는 곳을 동쪽에 있는 나라 곧 동양the East이라고 부르게 된 것이지요. 이러한 편견이 담겨진 말에는 또 어떤 것이 있을까요?

'하얀 거짓말'과 '검은 거짓말'

어떤 사람이 선의의 거짓말을 '하얀 거짓말white lie'이라 하고, 진짜로 나쁜 거짓말을 '검은 거짓말black lie'이라고 할 때, 검은 피부를 가진 사람이 이 말을 들었다고 해봅시다. 그 사람은 어떤 기분이 들까요? 선의의 거짓말은 상대방을 위해서 어쩔 수 없이 하는 거짓말을 말합니다. 때로는 이러한 거짓말이 필요할 때도 있습니다. 이것과는 달리, 자신의 이기심 때문에 거짓말을 하는 경우도 있습니다. 정말로 나쁜 거짓말이지요. 이러한 거짓말을 '검은 거짓

사람, 사물 그리고 말의 관계

말'이라고 말합니다. 이것은 흑인에 대해서 나쁜 이미지를 연상시키는 표현일 수 있습니다. 언어는 특정 사람의 세계관을 반영하고 있기 때문이지요. 사람들은 자주 자신의 문화 습관에 젖어 편견을 가지고 다른 문화를 대합니다. 우리들이 가진 언어에 이러한 문화적 인종적 편견이 없는지 살펴봅시다.

이와 관련된 두 개의 이야기가 있습니다. 첫 번째 이야기는 이렇습니다. 옛날에 신이 인간을 흙으로 구워서 만들기 시작했습니다. 처음에는 너무 일찍 꺼내서 색이 아주 하얗게 되었답니다. 그래서 다시 구웠지요. 그런데 이번에는 너무 늦게 꺼내서 그만 까맣게 되었습니다. 신은 이번에는 정말 신중하게 적당한 시간을 기다려서 적당히 구워진 인간을 만들었습니다. 그래서 황인종이 되었습니다. 두 번째 이야기는 조금 다릅니다. 신이 이번에도 흙으로 인간을 굽습니다. 처음에는 너무 늦게까지 기다리는 바람에 검게 타버렸습니다. 신은 다시 또 인간을 굽기 시작했습니다. 그리고 마침내 원하던 백색의 인간을 만들었지요. 이 두 이야기에는 각각 특정한 입장이 반영되어 있습니다. 모두 신이 흙을 구워 인간을 만드는 내용이지만, 첫 번째 이야기에는 황인이, 두 번째 이야기에는 백인이 우월하다는 입장을 반영하고 있지요. 이렇듯 어떤 이야기들에는 그 말을 하는 사람의 편견이 들어 있습니다.

북한에 식량난이 심해서 남한에서 쌀을 보내준 적이 있습니다. 처음에는 많은 남한 사람들이, 남한이 북한을 도와준다고 생각

사람, 사물 그리고 말의 관계

했습니다. 그런데 어느 날 북한과 남한이 서해에서 총을 쏘며 교전을 했지요. 이날 이후 일부 사람들은 남한이 더 이상 북한을 도울 필요가 없다고 생각했습니다. 우리가 도와줬는데 은혜도 모른다고 말이지요. 신문에는 '대북지원(북한 돕기)'이라는 말 대신 '퍼주기(낭비하기)'라는 말이 등장하기 시작했습니다. '대북지원'이라는 말은 우리가 북한을 도와준다는 뜻을 담고 있습니다. 북한을 도와주는 일에 대한 찬성과 긍정적인 입장을 반영하는 것이지요. 그런데 '퍼주기'라는 말은 어떤가요? 북한에 쌀을 보내준다는 사실은 그대로 이지만, 이 말은 우리가 낭비를 하고 있다는 느낌을 들게 하지 않나요? 쌀을 보내는 일에 반대하는 의미를 담고 있는 것이지요. 이처럼 똑같은 상황을 두고 어떤 말을 사용하느냐에 따라 그 의미도 달라지고, 그에 따라 이익을 보는 사람과 손해를 보는 사람이 생길 수도 있습니다.

우리가 매일 보는 광고 문구는 어떨까요? 광고에는 어떤 생각, 어떤 입장이 반영되어 있을까요? 광고를 만드는 입장에서는 자신의 상품을 잘 팔 수 있도록 새로운 '편견'을 만들어야 하겠지요. 11월 11일이나 2월 14일 그리고 3월 14일은 무슨 날일까요? 바로 남자친구와 여자친구가 서로에게 '특정한' 선물을 해야 하는 날이지요. 만약 이날 선물을 하거나 받지 않는다면 뭔가 서로에게 관심이 없는 것 같고 서로 우정이나 사랑이 없는 것처럼 느껴지기도 할 것입니다. 이런 마음이 드는 이유는, 과자 회사들이 만든 광고 때문입니다. 과자 회사들이 과자를 팔기 위하여 우리에게 새로운 '편견'을 만들어준 것이지요. 이렇듯이 광고 언어를 비롯하여 모든 언어에는 그 언어를 사용하는 사람의 '편견'이 숨어 있답니다. 그런 이유 때문에 우리도 선물을 하거나 기념일을 지켜야 한다는 '편견'을 가지게 된 것이고요. 여러분이 만약 어떤 물건이 갖고 싶다면, 그 물건이 왜 갖고 싶은지 생각해보세요. 만약 그것이 텔레비전이나 영화 등의 광고와 밀접하게 연관이 되어 있지는 않은지도요.

나와 다른 사람 인정하기

앞에서 우리는 언어를 사용할 때 그 속에는 편견이 자리 잡고 있어서 그것을 통해 다른 사람의 언어와 문화를 바라보게 된다고 말했습니다. 사람들은 자주 자신의 언어에 기초하여 자신의 입장에서 세상을 바라보기 때문에 다른 사람의 입장을 헤아리기 어렵다는 이야기도 했고요. 그렇다면 우리는 어떻게 이러한 편견에서 벗어날 수 있을까요? 우선 다른 사람들이 어떤 맥락과 상황에서 말을 하는지 유심히 살펴보아야 합니다. 그러려면 상대방의 말을 잘 귀담아 듣고, 상대방의 상황과 입장을 잘 이해할 수 있어야 하지요. 이렇게 하다보면 주변에 나와 다른 사람들이 많다는 것을 알게 됩니다. 그래서 결국은 다른 사람과 비교하여 내가 어떤 사람인지도 알게 될 뿐만 아니라, 나의 장점과 단점까지도 잘 볼 수 있게 되지요. 이와 관련해서 하나의 이야기를 해볼까 합니다.

해바라기와 채송화가 서로 나란히 있었습니다. 어느 날 해바라기는 자신이 채송화보다 키가 크고 큰 꽃이 있으며, 입사귀가 커서 훨씬 잘났다고 생각했습니다. 그래서 나비에게 묻곤 했지요. 채송화와 해바라기 중에서 누가 더 예쁘냐고 말입니다. 그런데 밤새 센 바람이 불자 해바라기는 꺾어지고 말았습니다. 채송화는 바람을 견딜 수 있었지만, 해바라기는 바람을 견디지 못하고 그만 휘어지고 허리가 부러졌어요.

이런 경험을 하고 난 후에 해바라기는 자연 앞에서 겸손해야겠다고 반성했습니다. 해바라기는 자신에게 장점도 있지만 단점도 있다는 것을, 아무리 단점이 많은 것 같아도 채송화에게는 또 다른 장점이 있음을 깨닫게 되었지요. 해바라기는 키가 커서 채송화보다 햇빛을 잘 받을 수 있지만, 바람이 불면 허리가 쉽게 부러질 수 있습니다. 나비는 해바라기와 채송화에게 예쁜 꽃보다 꿀이 많고 향기 나는 꽃, 고운 마음을 가진 꽃이 더 좋다고 했습니다.

누구나 자신만의 향기와 꿀이 있습니다. 또 누구에게나 고운 마음이 있습니다. 그것을 잘 발휘해야 하겠지요? 해바라기와 채송화처럼 우리 모두에게는 남들보다 잘하는 것이 있는가 하면, 남들보다 못하는 것도 있습니다. 자신이 잘하는 것을 뽐내고 자랑하기보다는 자신이 잘하는 것을 위해 최선을 다하되, 자신이 못하는 것도 있음을 생각하고 다른 사람들과 함께 살아가는 지혜가 필요합니다.

사람들은 자신들이 잘하는 것들을 다양한 언어로 이야기합니다. 또 어떤 사람은 자연 속에 숨겨진 수학의 언어를 발견하고 이를 체계화하여 우리에게 편리한 물건을 만들어주기도 하며, 또 어떤 사람은 우리 신체를 연구하여 몸을 더 잘 치료하는 의학으로 발전시키기도 합니다. 예술가는 그림이나 기타 여러 가지 자료를 가지고 우리가 생각해보지 않았던 아름다운 것들을 창조해냅니다. 여러분은 여러분이 가진 장점을 어떤 언어로 가장 잘 표현할 수 있나요? 여러분이 가장 잘 말할 수 있는 방법을 찾아보세요. 그리고 다른 친구들이 잘하는 것에는 무엇이 있는지 관찰해보세요.

자신의 장점을 가지고 우쭐해 해서도 안 되고, 타인의 장점을 보고 열등감에 빠질 필요도 없지요. 나의 언어와 문화 그리고 다른 사람의 언어와 문화를 잘 이해하고 서로 도우며 살아가는 지혜를 배우는 것이 중요합니다. 우리는 해바라기처럼 건강하고 큰 키를 가져서 햇빛을 잘 받는 꽃일 수도 있고, 채송화처럼 작지만, 비와 바람의 피해가 적을 수도 있습니다. 나와 타인의 차이를 차별의 기회로 삼지 말고, 나의 경험을 성숙시킬 수 있는 기회로 만들어가야 합니다.

혼자 읽어도 좋은 책

국어 실력이 밥 먹여준다

김경원·김철호 지음
유토피아, 2006

이 책은 학교나 가정에서 자주 사용하는 단어들이 상황에 따라 어떤 의미로 변하고, 원래의 뜻이 무엇이었는지 다시 생각하게 해준다. 또한 우리가 일상적으로 쓰는 말들을 정확하게 사용할 수 있도록 도와준다. 가령 '냉장고 안에 넣었다'와 '냉장고에 넣었다'는 문장이 있을 때, 어떤 것을 넣어두기 위한 목적으로 만든 사물에는 '속'이나 '안'이라는 표현을 쓰지 않는 게 한국어의 자연스러운 표현이라고 말한다. 문법을 어려워하는 친구들이 읽어도 좋을 책이다.

우리글 바로쓰기

이오덕 지음
한길사, 2009

이 책은 평생 글쓰기 교육을 해오시던 이오덕 선생님의 글들을 모은 책이다. 특히 이 책에서는 우리말에 서양을 비롯해 중국, 일본 등에서 온 말들이 혼용되어 있다고 지적한다. 이 책을 통해 우리말에 내재된 외래어들을 걸러내고 언어 사용을 비판적으로 볼 수 있는 기회가 될 것이다. 또한 이러한 과정은 단순히 말을 바꾸는 것이 아니라 우리의 삶 자체를 바꾸는 일과 관련될 것이다.

생각의 지도

리처드 니스벳 지음
최인철 옮김
김영사, 2004

예일대학교 심리학과 교수인 리처드 니스벳이 서양 사람들과 동양 사람들이 같은 사물을 두고, 똑같이 받아들이지 않는다는 점을 지적한 책이다. 이 책을 읽으면 서양의 문화와 동양의 문화가 어떻게 다른지, 한국 사람은 왜 영어를 배우기 어려운지도 이해할 수 있을 것이다. 또한 문화 차이에 따라 사물을 어떻게 다르게 보는지도 재미있게 설명해준다.

언어

말과 행위

J. L. 오스틴 지음
김영진 옮김
서광사, 1992

영국의 언어 철학자 오스틴의 사후 출간된 책으로 우리가 사용하는 말이 가지고 있는 행위적 성격에 주목한다. 전통적으로 언어학에서는 말이 상황에 따라 어떻게 다르게 받아들여지는지 설명해왔다. 오스틴 역시 이 책에서 말이 청자나 주변에 어떤 힘을 행사할 수 있는지 주목하며 말이 지닌 행위적 성격의 특징에 대해 여러 가지로 분류하고 있다.

한국어의 부사

서정수 지음
서울대학교출판부, 2005

우리가 하는 많은 말에는 부사가 사용된다. '낙엽이 떨어진다'보다 '낙엽이 우수수 떨어진다'고 표현하면 상황을 더 생생하게 묘사할 수 있다. "올망졸망, 산들산들, 덜컹덜컹" 등 풍부한 의성 의태어에 뿌리를 둔 부사는 우리말의 독특한 자산이다. 부사는 사실 문장에 반드시 있어야 하는 요소가 아니다. 그렇지만 우리는 부사로 우리의 직감적인 느낌을 실감나는 말과 글로 표현한다. 이 책에서는 부사를 체계적으로 분석해 언어학적 지식을 전달한다.

청소년을 위한 언어란 무엇인가?

니콜라우스 뉘첼 지음
노선정 옮김
장영준 감수
살림Friends, 2008

이 책은 인간이 언제부터 말을 했는지, 동물들도 말을 하는지, 청소년들의 언어파괴 현상이 과연 나쁜 것인지 등 언어에 대한 궁금증들에 답을 제시한다. 언어가 문화에 따라 어떻게 변화되어 가는지에 대한 연구 성과도 소개하고 있다. 언어는 의사소통의 기능뿐 아니라, 인간을 인간 되게 하는 기준이기도 하다. 이 책은 언어와 삶, 언어와 문화에 대해서 진지하게 성찰할 수 있도록 안내해준다.

사람, 사물 그리고 말의 관계

공부

세상에
대한
생각 모음

정현철

"

10년 뒤에 지금을 후회하지 않을 자신이 있는가?

지금, 이 순간을 멋지게 보내자! 아자!

요새 저를 정말 힘들게 하는 게 있습니다. 바로 '엄친딸' 은주인데요. 이 친구는 진짜 못하는 게 없어요. 저번 중간고사 때도 전교 2등을 했고요. 글짓기 대회에 나가서도 1등을 했습니다. 심지어 수학 경시대회에 나가서도 상을 탔습니다. 저는 상은커녕 반에서 10등 안에 들어본 적이 없어요. 엄마는 이 엄친딸 은주랑 저를 매일같이 비교합니다. 한번은 제가 은주한테 물어봤죠. 너는 왜 그렇게 공부를 열심히 하냐고요. 공부가 그렇게 재밌느냐고요. 그런데 은주가 뜻밖의 대답을 했습니다. 사실 자기가 공부하는 기계 같대요. 주말도 없이 학원가고 과외를 받는데 너무 힘들다고요. 아니 공부가 대체 뭐길래 우리를 이렇게 힘들게 하는 걸까요?

정말 공부를 해야 하나요?

아마 여러분 중에는 공부를 왜 해야 하는지 모르겠다고 생각하는 친구들도 있을 겁니다. 아니면 공부를 잘하면 어떤 점이 좋은지는 알겠지만, 그래도 하기 싫다고 말하는 친구들도 있을 거고요.

　　　　　　　　　　　　　　　세상에 대한 생각 모음

어쩌면 이런 생각들은 공부를 책상에 앉아 문제집을 풀고, 성적을 받는 일로만 생각하기 때문인지도 모릅니다. 하지만 공부는 이것보다 좀 더 많은 의미를 포함하는 개념입니다. 그래서 이 글에서는 여러분이 공부에 대해 조금은 다른 각도에서 생각해볼 수 있는 내용들을 함께 이야기해보려고 합니다.

우선 제가 생각하는 공부가 필요한 이유는 다음과 같습니다. 우리는 자주 낯선 환경, 혹은 낯선 사람들과 마주합니다. 이런 상황을 잘 헤쳐가기 위해 우리에게는 지식과 지혜가 필요하지요. 자연이든 사회든 혹은 나를 포함한 사람들이든 이 모든 것들을 잘 이해해야 좋은 삶, 곧 행복한 삶을 살아갈 수 있고 공부는 바로 이러한 이해를 가능하게 도와줍니다. 그런 점에서 공부는 바로 이러한 지식 내지 이러한 지식을 추구하는 인간의 활동 그 자체를 일컫는 말입니다.

세상은 우리가 아는 범위를 넘어서 존재하며 또 끊임없이 변화하기에 우리는 늘 세상으로부터의 예기치 않은 충격에 노출되어 있다고 할 수 있지요. 이럴 때 우리는 앎을 통한 준비와 보호가 필요한데요. 공부는 바로 이런 준비를 가능하게 해주는 인간의 지적 활동이라고 할 수 있습니다. 어떻게 보면 인간은 학문을 통해 여러 상황에서 생존할 수 있었고, 이전에는 상상하지 못했던 놀라운 발전을 이루기도 했습니다. 물론 학문적 지식은 오로지 우리를 보호하기 위한 것만이 아니라, 순수하게 앎을 추구하는 행위라고 할 수도 있습니다. 그러나 이것 역시 우리의 삶과 무관할 수 없고, 또 우리의 행복과 무관할 수 없습니다. 결국 공부란 우리의 행복과 분리될 수 없다는 말입니다.

　자연을 한번 둘러볼까요? 계절이 바뀌어 추운 겨울 이후에 따뜻한 봄이 찾아오고, 또 무더운 여름이 다가옵니다. 그 다음에는 맛있고 풍성한 과일이 열리는 가을입니다. 계절의 변화는 지구의 자전축이 변하기 때문에 생깁니다. 그런데 요즈음은 이런 변화조차도 예전과 달라지고 있습니다. 이런 변화들은 규칙적이든 불규칙적이든 우리를 소위 자연과학의 세계로 이끕니다. 과학은 이러한 변화를 연구하는 활동 자체를 의미하기 때문입니다. 실제로 지금도 과학자들은 하늘을 보고 지구와 같은 별들이 어떻게 서로 부딪히지 않고 엄청나게 빠른 속도로 움직일 수 있는지 연구하고 있습니다. 하늘의 변화에 호기심을 가진 과학자들이 연구하는 우주 물질들 가운데는 이것 말고도 우리의 호기심을 자아내는 블랙홀 같은, 엄청난 힘으로 다른 별들을 빨아들이는 별들의 무덤도 있고 갑자기 밝은 빛을 내뿜는 신성도 있습니다.

　물론 우리를 학문으로 초대하는 세상의 일들은 이것뿐만이 아닙니다. 우리 주위에는 신기하고 재미난 현상이 한두 가지가 아니지요. 예를 들어, 몸 색깔을 바꿀 수 있는 카멜레온은 정말 흥미로운 파충류입니다. 카멜레온은 적의 눈에 띄지 않기 위해 주변 나무 색깔과 비슷하게 자신의 색깔을 바꾼다고 합니다. 이와 유사한 현상은 우리 몸에도 나타납니다. 우리 몸은 한순간도 멈춰 있지 않습니다. 가장 대표적으로 우리 몸속의 피는 계속 돌아다니고 있지요. 우리가 감기에 걸리는 경우를 생각해보세요. 우리는 평소보다 더 추위를 느끼지만, 몸에서는 열이 납니다. 이러한 현상은 왜 일어나는 걸까요?

세상에는 이처럼 우리가 모르는 논리와 현상들이 많이 있습니다. 조금 과장해서 말하면 세상은 궁금함 자체로 이루어져 있다고 해도 과장이 아닐 거예요. 이렇게 커진 궁금증을 풀기 위해 우리는 생각을 할 수밖에 없는데, 이것이 바로 자연스럽게 공부와 학문의 세계로 진입하는 과정이라고 할 수 있습니다. 이제 공부에 대한 무거움이 조금 덜어졌나요?

공부의 시작은
사람에 대한 탐구

공부는 사람만이 할 수 있는 일입니다. 특권이라고 할 수 있지요. 호기심이나 궁금증을 가지고, 사물에 대한 질문을 하는 것은 사람만이 할 수 있는 일이지요. 그래서 누군가는 사람이야말로 공부의 시작이자 끝이라고 했습니다. 사람은 공부를 할 수 있으며, 또 자신에 대해서도 끊임없이 탐구할 수 있기 때문이지요.

세상의 변화에 궁금함을 느끼고 변화가 어떻게 생겨나고 왜 변화가 존재하는지 생각할 수 있는 능력이 바로 우리로 하여금 학문을 추구하게 만듭니다. 다시 말해 세상에서 인간만이 궁금해 하고, 자신을 그렇게 궁금하게 만드는 것의 참 모습을 생각해보는 능력을 가지고 있다는 것입니다. 바로 이것 때문에 인간이 공부를 할 수 있는 것이지요.

그렇다면 한 가지 사실이 더 분명해집니다. 학문은 인간에게만 있는 인간의 창조물이라는 것입니다. 따라서 인간이 있어야만 학문이 있을 수 있고, 인간이 계속해서 연구를 하지 않는다면 학문도 더 이상 발전하지 않을 것입니다. 또 우리가 이전보다 좀 더 깊게 생각하지 않는다면 학문은 그냥 현재의 수준에 머물러 있을 수밖에 없습니다. 다시 말해 우리는 학문에 대해 보람과 함께 책임감을 느껴야 한다는 것이지요. 혹시 내가 미처 생각하지 못했던 것을 지금 배우고 있다면 그것은 누군가가 나 대신 이미 많은 수고와 노력을 한 덕분으로 보아야 합니다. 그에 대해서는 고마움을 느껴야겠지요.

따라서 만약 내가 학문에 기여하게 된다면 나 역시 이 학문을 배우는 누군가에게 도움을 주게 될 것입니다. 마찬가지로 우리가 하는 공부 역시 결국 나뿐 아니라 다른 사람들에게도 도움이 될 수 있다는 점에서 노력할 보람이 있는 일이지 않을까 생각할 수 있습니다. 우리는 역사상 많은 위인들을 기억하고 있습니다. 그런데

세상에 대한 생각 모음

지금도 변함없이 우리의 기억 속에 남아 있는 사람들은 큰돈을 벌었거나 군사적 힘을 길러 다른 나라를 정복했던 정복자가 아니라 우리 생각을 심화시켜주거나 우리 삶을 새로운 방향으로 이끌었던 사람들입니다.

내게 맞는 공부 찾기

그렇다면 공부는 무엇을 담고 있는 걸까요? 위에서도 말했듯이 공부는 세상에 대한 우리들의 생각 모음입니다. 다시 말해 인간이 세상에 대한 궁금함을 해결하기 위해 생각한 것이 계속 쌓이면 많은 알 거리가 생겨나게 되고, 바로 그 알 거리를 지식이라고 부르지요. 지식이 잘 정돈되어 질서 있게 정리되면 이것이 바로 학문이 됩니다.

그런데 이렇게 지식을 체계적으로 정리해서 학문을 만들다 보면 그 내용이 크게 세 가지로 나뉜다는 것을 알 수 있습니다. 우리가 마주한 자연을 탐구하는 자연과학, 우리가 살고 있는 사회에 대해 연구하는 사회과학 그리고 우리 인간의 내면을 탐구하는 인문과학이 그것입니다. 음악이나 미술과 같은 예술도 학문에 포함되는데 이것들도 크게 보면 인문과학에 속한다고 할 수 있습니다. 이것들은 우리 자신의 모습, 특히 우리의 내면적인 모습, 우리의 감정과 깊은 관련이 있기 때문입니다.

그렇다면 자연과학에는 어떤 학문들이 있을까요? 자연과학은 탐구하는 대상에 따라 생물학, 천문학, 수학, 물리학, 화학 그리고 의학 등으로 나뉠 수 있습니다. 몸의 변화를 연구하고 그로부터 알게 된 것을 체계적으로 정리하면 의학이 되고, 하늘의 변화를 탐구하면 천문학이 되며, 모든 물질의 가장 기초적인 변화를 연구하면 물리학이 됩니다. 학문들 각각은 이와 같이 탐구하는 대상에 따라 다양한 내용을 가지게 됩니다. 자연과학 영역에서는 물리학과 수학이 가장 기초적인 공부라 할 수 있습니다. 다른 학문들의 바탕이 되어주기 때문입니다. 우리는 이 학문들에서 변화가 일어나면 다른 학문들로 급속하게 파급되어 나가는 것을 어렵지 않게 관찰할 수 있습니다. 뉴턴Isaac Newton(1642~1727)의 수학과 물리학 그리고 아인슈타인의 수학과 물리학은 그 대표적인 예라 할 수 있습니다. 마치 자연과학의 패러다임을 결정하는 역할을 한다고나 할까요.

사회과학도 마찬가지입니다. 그것이 연구하는 대상에 따라 경제학, 정치학, 사회학, 법학 등으로 나뉩니다. 왜 물가가 오르고 어떻게 해야 물질적으로 모두 잘 살게 될 수 있을지를 연구하면 경제학이 되고, 한 나라의 민주적 질서에 대해 연구하면 정치학 그리고 우리가 지켜야 하는 법에 대해 연구하면 법학이 만들어집니다. 지금 서양의 여러 나라들은 경제적으로 큰 위기를 맞고 있습니다. 특히 유럽 공동체는 큰 어려움에 직면해 있습니다. 경제가 빠른 시간

세상에 대한 생각 모음

에 급속도로 침체되었기 때문입니다. 사람들은 경제학이 이 문제에 해결책을 제시해주길 바라고 있습니다. 물론 유럽 공동체는 정치 공동체이면서 또 법 공동체이기도 하기 때문에 정치학과 법학 역시 이 문제를 해결하는 데 기여할 것으로 생각되고 있습니다. 이렇듯 사회가 어려움에 처하면 우리는 자연과학이 아닌 사회과학에 도움을 청할 수밖에 없습니다. 그래서 사회과학은 지금도 많은 연구를 하며 발전하고 있습니다. 사회학이라는 학문은 이런 발전의 결과로 19세기 말에 독일에서 새롭게 시작된 사회과학입니다. 한 개인을 설명하기 위해 사회구조를 보는 학문이지요.

반면 인문과학에는 우리들 인간 자체에 대한 사유가 담깁니다. 이 영역에는 우리가 읽는 소설과 시 등을 연구하는 문학, 지나온 과거의 사건들뿐 아니라 그것의 의미를 연구하는 역사학, 우리가 추구하는 아름다움을 연구하는 미학 그리고 아주 먼 옛날에 살았던 사람들의 삶의 모습을 탐구하는 고고학 등이 있습니다. 어떤 문학작품은 때때로 우리에게 인생 계획 자체를 바꿀 수 있을 정도로 깊은 영향을 끼치기도 합니다. 그 문학작품이 우리의 깊은 내면, 곧 영혼을 움직였기 때문일 것입니다. 물론 음악과 미술 등 아름다움을 구현해내는 예술도 빼놓을 수 없습니다. 아마도 우리들에게 직접적인 영향을 준다는 점에서 예술은 가장 탁월한 학문일 것입니다. 이상의 학문들은 서로 다른 대상을 탐구한다는 점에서는 차이가 있지만 인간인 우리 자신을 연구한다는 점에서는 공통점을 지니고 있습니다. 따라서 이런 공통점에 비추어 판단해 볼 때 이 학문들은 결국 모두 하나의 영역, 곧 인문과학에 속한다고 할 수 있습니다.

그런데 학문들이 가진 근원적 공통점에 주목해서 그 기본 원리와 핵심 내용을 사유하는 분야가 있습니다. 바로 '철학'입니다. 철학은 다소 추상적이어서 어렵다고 생각할 수도 있지만 매우 흥미로운 학문입니다. 철학은 다른 학문들에 깊은 영향력을 미치는 커다란 파급력을 가지고 있기 때문입니다. 달리 표현하면 모든 학문들을 바꿔놓을 수 있는 근원적인 것을 연구하는 공부가 있다면 그것을 철학이라 할 수 있다는 말이기도 합니다. 그래서 철학은 과학철학, 사회철학, 문화철학, 예술철학 등으로 나뉘어 연구되기도 합니다. 물론 또 그렇게 나뉜 채로 연구된 후 또 어떻게 통합되어야 하는가도 다시 철학 안에서 연구되기도 하지만요.

여러분은 어떤 학문에 관심이 끌리나요? 만약 어떤 학문에 특별한 관심이 생겨난다면 그 학문에 대한 관심을 키워보는 것은 어떨까요? 학자가 되지 않더라도 그렇게 키워진 관심은 나중에 인간과 세상을 이해하는 데 큰 도움이 되어줄 것입니다.

세상에 대한 생각 모음

공부하는 방법

이제 공부가 무엇인지 대략 알게 되었습니다. 우리가 공부하는 학문은 세상의 참된 모습과 그 변화에 대한 궁금함을 해결하기 위해 연구하는 활동뿐 아니라 그렇게 연구한 결과 얻게 된 지식들을 체계적으로 정리해놓은 것입니다. 그리고 여기에는 학문 자체를 더 좋은 것으로 만들기 위한 반성도 포함된다고 할 수 있습니다. 따라서 공부는 그 지식을 모으는 방법과 그 방법의 타당성에 대한 고민을 의미합니다. 이러한 고민은 공부가 인간의 삶과 분리될 수 없는, 인간과 관련한 가장 근원적인 활동이기 때문에 발생합니다. 그리고 이러한 학문에는 가장 적합한 방법이 필요합니다. 우리는 이 방법을 학문의 영역에서 함께 고민해야 합니다.

학문을 통해 공부의 방법을 검토하는 것을 좀 더 구체적으로 이해하기 위해 공부를 요리에 비유해볼 수 있습니다. 요리를 할 경우 어떤 방법으로 음식을 조리하는 것이 좋을지 고민해야 하는 것처럼 우리도 학문을 위해 지식을 모을 경우 어떻게 하는 것이 좋을지 고민해야 한다는 것입니다. 그렇지 않으면 요리는 다 되어도 좋은 음식이 만들어지지 않을 수도 있지요. 따라서 학문적인 지식을 축적한다면 우리는 지식의 내용뿐만 아니라 지식을 모으는 방법과 그 결과도 생각하면서 더 좋은 학문을 추구해야만 합니다.

그렇다면 좋은 방법이란 무엇일까요? 이 물음은 사실 철학이 담당하는 것인데, 아마 철학이 우리 자신과 세상을 더 올바르게 이해할 수 있게 도와주기 때문이겠지요. 만약 우리가 우리 자신과 세상을 올바로 이해하지 못하고 또 그런 상태로 지식을 모은다고 생각해보세요. 그러한 지식은 아마도 잘못된 지식이 될 가능성이 높을 것입니다.

그렇다면 학문을 하기 위해 사용할 수 있는 방법에는 무엇이 있을까요? 이 방법은 공부가 단순히 지식의 집합만이 아니라 우리의 삶과 밀접한 관련을 가질 때 구체화될 것입니다. 다시 말해 학문의 방법은 우리의 삶을 보호하고 또 더 자유롭게 할 뿐만 아니라 모든 사람이 자기의 진정한 모습을 알 수 있게 해주는 것이어야 한다는 말입니다. 이런 학문의 방법 가운데 중요한 하나는 새로운 생각을 마다하지 않고 적극적으로 받아들여 검토해보는 것입니다. 어떤 한계에 봉착했을 때 기존의 방식과 다른 새로운 생각을 만들어 그것에 따라 연구해보고 그것이 우리가 목적하는 바를 이룰 수 있게 해주면, 잠정적이지만 그것이 타당하다고 인정하는 것입니다. 이 방법은 가설을 만드는 것과 비슷합니다. 가설이란 우리가 세상에 대해 아마도 그럴 것이라고 생각한 내용을 정리해놓은 일종의 확실성을 담은 문장입니다. 예를 들면, 자연과학의 경우처럼 지구가 태양 주위를 돈다고 생각하는 사람은 그 생각을 다른 사람에게 주장하게 되고 그 주장을 증명하기 위해 연구할 것입니다. 그러한 주장을 담은 문장이 곧 가설입니다.

세상에 대한 생각 모음

그러나 공부는 좀 더 근본적인 차원에서 우리의 사고방식과 우리의 삶을 탐구하는 방법 자체에 대해 항상 고민합니다. 이러한 고민이 가장 활발하게 일어나는 경우는 기존의 공부가 우리의 삶과 행동을 자유롭게 하지 못하고 오히려 억압하거나 잘못되게 할 때 발생합니다. 이런 것들은 학교제도와 법, 경제제도 등을 비롯한 우리의 사회제도가 우리를 더 행복하게 해주지 못하고 오히려 우리를 고통스럽게 할 때 가장 극적으로 나타납니다. 우리는 이때 새로운 방법을 모색하게 됩니다. 역사상 학문의 방법이 극적으로 바뀐 경우가 몇 번 있습니다. 그때 공부는 새로운 모습으로 변화하면서 우리의 자유를 실현시키려고 노력했습니다. 우리가 정반합의 방법으로 알고 있는 변증법이라는 학문적 방법도 이러한 과정에서 만들어진 것입니다. 현대에는 학문의 기초가 되는 언어에 주목해서 이를 연구하고 이로부터 방법을 찾아내려는 시도가 있습니다. 이것 역시 새로운 학문적 방법이 만들어지는 과정이라 생각할 수 있습니다.

공부도 진화한다

공부는 앞으로 어떤 모습으로 발전해갈까요? 이 물음에 답하기 위해서 우리는 위에서 언급한 학문의 특성에 주목해보아야 합니다. 우리가 지금까지 사용하던 학문의 방법에 의문을 제기하게 될 때 새로운 방법이 모색되고, 그 새로운 방법이 채택되면 새로운 공부가 출현한다는 것 말입니다. 공부가 더 이상 기존의 방식으로는 타당성을 주장할 수 없게 되는 순간 새로운 방식으로 그 타당성을 모색하게 되며 이를 통해 공부가 새로워질 수 있다는 것이지요.

역사적으로 우리는 이런 경험을 크게 두세 차례 했던 것을 기억하고 있습니다. 가장 대표적인 것이 근대에 있었던 경험입니다. 이 시기에 사람들은 더 이상 지식을 신과 관련시킬 필요가 없다고 생각하게 되었습니다. 왜냐하면 신과 관련된 이전의 생각들이 더 이상 세상의 변화를 올바로 설명해주지

못했기 때문입니다. 그래서 사람들은 자연과학의 영역에서부터 조심스럽게 신을 배제시켜 생각하기 시작했습니다. 요즈음 사람들은 주로 이런 방식으로, 곧 신을 배제하고 인간을 중심에 놓고 생각하며 인간과 자연을 대하고 있습니다. 이로 인해 학문 역시 변화를 겪지 않을 수 없었습니다.

그런데 현대에도 공부는 여전히 변화를 모색하고 있습니다. 근대의 인간 중심적 사고방식으로는 더 이상 풀 수 없는 문제들이 많이 나타나고 있기 때문입니다. 특히 우리가 발전시킨 과학과 기술이 초래한 문제들은 우리가 가진 인간 중심적 사고방식을 바꾸는 것이 시급함을 보여주고 있습니다. 예를 들어 자연을 우리 마음대로 이용할 수 있다는 사고방식은 환경파괴로 인해 자연적 재앙들과 같은 많은 폐해를 일으켰습니다. 또한 우리가 살고 있는 사회제도에도 문제가 나타나고 있습니다. 우리가 우리의 삶을 위해 가장 좋으리라 생각해 채택한 제도인 자본주의적 경제제도나 대의민주주의제도 등이 오히려 우리 삶을 더 어렵고 혼란스럽게 만들기도 합니다. 이런 상황에서 공부는 스스로 변화를 모색함으로써 우리의 삶을 위해 좀 더 좋은 가능성을 발견하려 노력하게 됩니다. 그리고 이런 노력의 결과가 학문을 끊임없이 발전시키는 원동력이 됩니다.

따라서 우리는 학문을 우리 삶과 동떨어진 것으로 낯설게 생각하기보다 오히려 우리의 삶에 필요한 것으로 생각해야만 합니다.

이것은 우리가 좀 더 적극적으로 학문에 임해야 한다는 요구도 담고 있습니다. 학문을 통해 올바른 가능성을 모색하지 않는다면 우리의 삶은 한계에 부딪혀 어려움에 빠질 수밖에 없고 여기서 벗어나는 노력은 다른 사람이 해주지 않기 때문입니다. 따라서 학문에 있어서 우리의 실천적 역할이 무엇보다 중요합니다. 이런 실천이 없다면 우리는 현실이 주는 나쁜 영향을 고스란히 받을 수밖에 없습니다. 따라서 우리는 기존에 알고 있는 것들을 단순히 사실로 인정하고 받아들이는 대신 우리 자신을 위해 그리고 우리의 삶을 위해 혹시 있을 수도 있는 오류를 찾아내는 노력을 계속해가야 합니다. 또한 그런 오류를 발견하면 이를 근본적으로 고칠 수 있는 용기를 가져야 합니다. 그렇지 않으면 나뿐만 아니라 나를 포함해 우리 모두가 고통을 겪을 수밖에 없습니다.

이런 점에서 공부는 지금도 삶에서 부딪히는 문제들과 씨름하고 있는 우리 자신의 자화상과 같은 것이라고 할 수 있습니다. 물론 이런 자화상은 한 번 그려진 것으로 끝나는 것이 아니라 우리가 더 좋은 삶을 만들기 위해 노력하는 실천적 모습 그리고 계속 변해가는 과정 그 자체이지만 말입니다. 따라서 학문의 미래는 열린 가능성으로 남아 있을 것입니다. 우리의 삶을 좀 더 행복하고 안정되게 만들기 위한 실천적 참여를 기다리면서. 그렇다면 현실 속에서 우리의 미래를 개척하는 학문의 추구에 여러분도 함께 참여해보는 것은 어떨까요?

세상에 대한 생각 모음

혼자읽어도좋은책

청소년을 위한 세계사: 서양편

이강무 지음
두리미디어, 2002

선사시대부터 시작해 근대사회와 현대사회에 이르기까지. 서양의 역사가 어떻게 변화해왔는지를 흥미롭게 알 수 있도록 도와준다. 이 책은 단순히 사건 중심으로 나열하기보다는 역사의 흐름을 전체적으로 파악할 수 있게 한다는 점에서 장점을 가진다. 여러 사진과 삽화들은 이해를 돕는다. 서양사 공부를 어디서부터 시작해야 할지 모르겠는 청소년들에게 길잡이 역할을 해줄 수 있는 책이다.

청소년을 위한 경제의 역사

니콜라우스 피퍼 지음
유혜자 옮김
비룡소, 2006

이 책은 농경의 시작에서부터 자본주의의 성립까지, 역사를 뒤바꾼 34가지 경제 이야기를 담아낸 청소년 경제 학습서이다. 인류 최초의 경제 활동인 농업 혁명에서부터 최근의 금융 시장에 이르기까지, 총 3장에 걸쳐 34가지 역사 사건으로 고대와 중세의 경제 활동과 자본주의의 성립 및 발전 과정, 세계 경제의 미래를 한눈에 볼 수 있도록 구성했다. 자본주의가 발전하기까지 어떤 변화를 거쳐 왔는지를 알기 쉽게 소개하고 있다.

청소년을 위한 서양과학사

손영운 지음
두리미디어, 2004

16세기부터 20세기까지 각 분야에서 활약한 과학자들의 생애와 업적을 통해 서양과학사 전반의 흐름을 살피고 있다. 과학적 이론과 발견에 얽힌 에피소드를 풍부한 사진 자료와 일러스트를 곁들여 친근하게 설명한다. 현대과학이 등장하기까지 어떤 시행착오를 거쳐 왔는지, 지금도 과학이 얼마나 많은 문제와 씨름하고 있는지를 알 수 있게 해준다. 과학에 도통 관심이 없는 청소년들에게 흥미를 느낄 수 있도록 이 책이 도와줄 것이다.

왜 공부하는가

김진애 지음
다산북스, 2013

《타임》지가 선정한 21세기 리더 100인 중에서 한국인으로는 유일하게 선정된 저자 김진애가 공부에 대한 이야기를 풀어낸다. 왜 공부를 했는지, 공부는 자신에게 어떤 의미였는지, 공부하는 방식은 어떠했는지 등 공부에 대한 넓고 깊은 이야기를 다루고 있다. 단순히 성적을 위한 공부가 아닌, 자신의 인생을 탐구하는 과정으로서 공부를 해왔던 저자의 이야기를 듣다 보면, '성공=공부'라는 도식에서 탈피할 수 있을 것이다.

학문의 즐거움

히로나카 헤이스케 지음
방승양 옮김
김영사, 2001

즐겁게 공부를 하다 보니, 인생에 도가 트였다고 말하는 늦깍이 수학자의 인생 이야기를 담은 책이다. 평범했던 그가 수학의 노벨상이라고 불리는 필즈상을 받기까지 어떤 사연이 있었을까? 왜 갑자기 공부에서 즐거움을 느꼈고, 계속 공부를 하게 됐던 것일까? 이 책은 공부가 특별한 재능이 있어야만 할 수 있는 건 아니며, 누구나 언제나 공부에 흥미를 느낄 수 있다는 걸 보여준다.

오직 독서뿐

정민 지음
김영사, 2013

허균, 이익, 홍대용, 이덕무 등 조선 최고의 지식인 아홉 명이 어떻게 살아 있는 독서를 하며, 책의 핵심을 꿰뚫었는지 보여준다. 또한 책 읽기와 글쓰기가 어떻게 연결되며, 그것이 우리의 사유를 어떻게 확장하는지 보여준다. 의무감과 성공을 위해 책을 읽고 공부를 하는 청소년들에게 옛 성현들의 독서법은 책 읽기의 의미를 되새겨보게 하고, 읽는 시늉만 하는 독서를 뛰어넘어 삶을 바꾸는 핵심 독서 전략을 전수할 것이다.

세상에 대한 생각 고음

중독

자꾸만
하고 싶은
그것

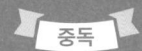

박남희

,,

단 한 번의 삶, 나로 살아갈 것인가?

살아짐을 당할 것인가?

학교 수업이 끝나고 집에 오면, 저는 제일 먼저 컴퓨터를 켭니다. 그러고는 보통 인터넷 창을 띄우지요. 이런 저런 홈페이지들을 돌아다니다 보면 몇 시간이 훌쩍 지나가곤 합니다. 그런데 이런 제가 엄마는 못마땅하신가 봅니다. 엄마는 매번 인터넷을 끊어버리겠다고 화를 내십니다. 너무 오랜 시간 컴퓨터만 붙잡고 있는 건 문제지만, 인터넷 서핑을 하는 게 그렇게 잘못된 일인지는 잘 모르겠습니다. 누구나 자기가 좋아하는 일을 하잖아요. 엄마도 엄마가 좋아하는 헬스장에 비가 오나 눈이 오나 나가시고, 아빠도 주말마다 사극에 빠져 지내시지 않나요? 대학에 다니는 언니도 좋아하는 친구랑 수다를 떠느라 카페에 몇 시간씩 앉아 있고요. 대체 왜 저만 인터넷 중독자라고 흉이 나야 하는지 모르겠어요. 좋아하는 걸 하는 게 왜 문제인가요?

당신의 인터넷 중독 지수는?

아마 여러분 중에는 컴퓨터게임이나 인터넷 서핑을 좋아하는 친구들이 많을 거예요. 하루의 많은 시간을 학교에서 책을 보며 지내다가 컴퓨터를 켰을 때 쏟아지는 많은 정보들을 보면 스트레스

자꾸만 하고 싶은 그것

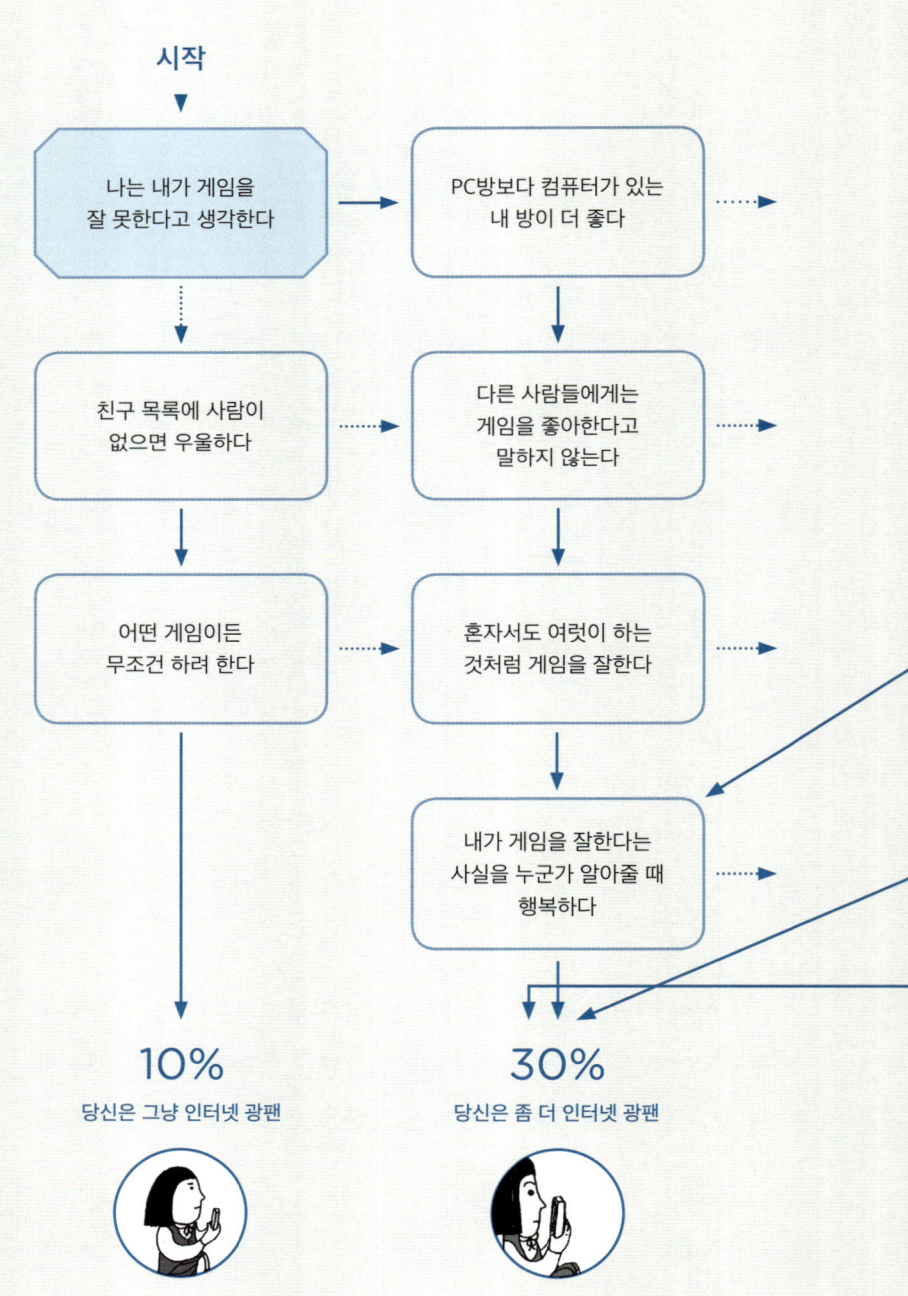

시작

나는 내가 게임을
잘 못한다고 생각한다

PC방보다 컴퓨터가 있는
내 방이 더 좋다

친구 목록에 사람이
없으면 우울하다

다른 사람들에게는
게임을 좋아한다고
말하지 않는다

어떤 게임이든
무조건 하려 한다

혼자서도 여럿이 하는
것처럼 게임을 잘한다

내가 게임을 잘한다는
사실을 누군가 알아줄 때
행복하다

10%
당신은 그냥 인터넷 광팬

30%
당신은 좀 더 인터넷 광팬

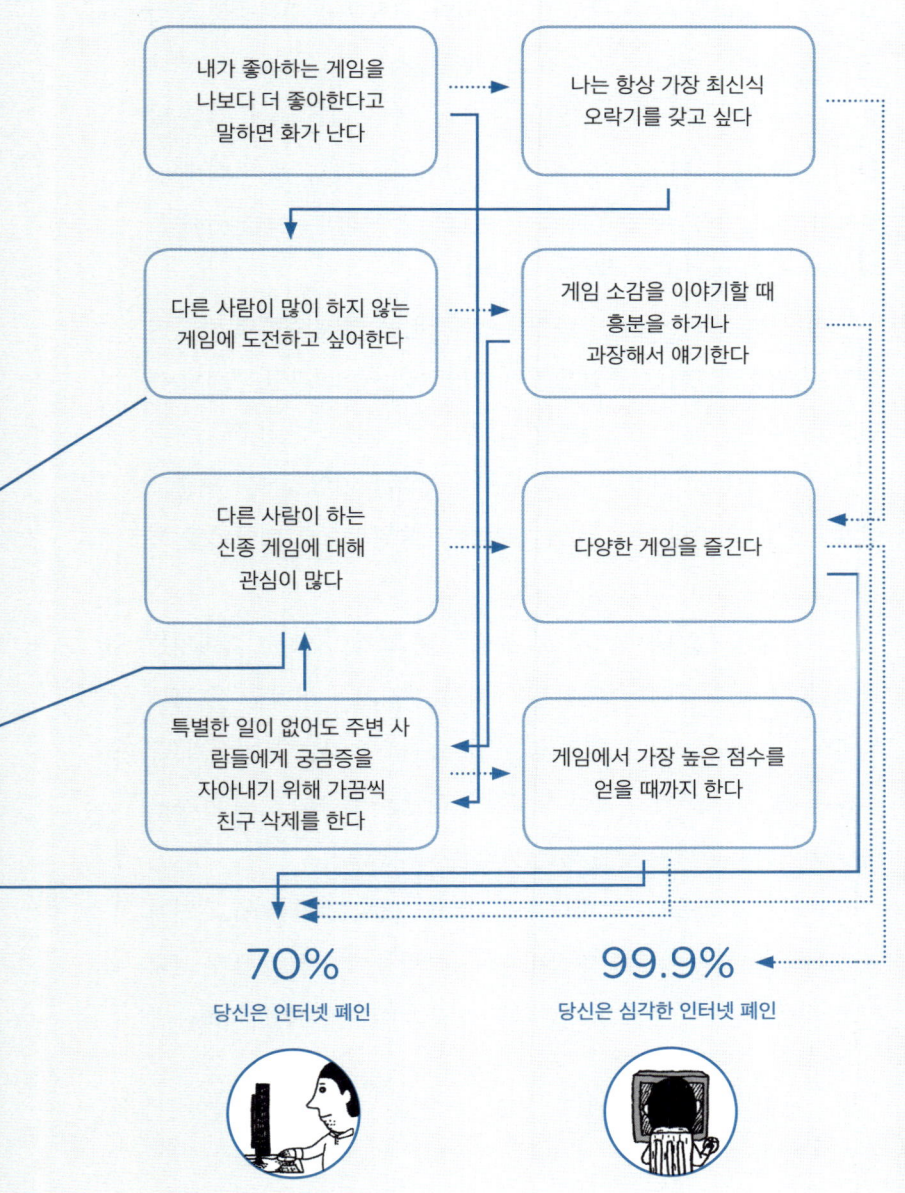

YES ·····▶   NO ——▶

내가 좋아하는 게임을
나보다 더 좋아한다고
말하면 화가 난다

나는 항상 가장 최신식
오락기를 갖고 싶다

다른 사람이 많이 하지 않는
게임에 도전하고 싶어한다

게임 소감을 이야기할 때
흥분을 하거나
과장해서 얘기한다

다른 사람이 하는
신종 게임에 대해
관심이 많다

다양한 게임을 즐긴다

특별한 일이 없어도 주변 사
람들에게 궁금증을
자아내기 위해 가끔씩
친구 삭제를 한다

게임에서 가장 높은 점수를
얻을 때까지 한다

70%
당신은 인터넷 폐인

99.9%
당신은 심각한 인터넷 폐인

가 확~ 날아가는 마음이 들기도 하지요. 인터넷 안에는 재미있는 것들이 참 많다는 것을 저도 인정합니다. 그렇지만 인터넷을 둘러싼 여러 가지 문제들이 등장하고 있다는 것도 잘 알고 있을 거예요. 그래서 '인터넷 중독자', '인터넷 폐인', '게임 폐인' 등과 같은 말들이 나오기도 하고요. 그렇다면 왜 인터넷을 하는 게 어떤 때는 문제가 되고, 어떤 때는 문제가 되지 않는 것일까요? 이를 위해 우선 앞에 있는 설문지를 따라가 봅시다.

여러분은 어떤 결과가 나왔나요? '당신은 그냥 인터넷 광팬'이라고 나와서 안도하는 중인가요? 아니면 '당신은 심각한 인터넷 폐인'으로 나와서 당황하는 중인가요? 여기에 해당하는 친구들은 최근 이슈가 되는 기사들부터 새로 나온 컴퓨터게임들까지 꿰뚫고 있겠군요. 그렇다면 이제 이와 관련해서 본격적으로 이야기를 해 봅시다.

컴퓨터게임을 하면 할수록 우리는 왜 점점 더 하고 싶어지는 걸까요? 술이나 담배는 왜 한번 시작하면 끊기가 어려운 걸까요? 잠깐이라도 손에서 핸드폰을 놓고 있으면 왜 우리는 불안하지요? 처음에 욕을 했을 때 우리는 상대에게 미안한 마음이 들지만 자꾸 하다보면 아무렇지도 않게 되는 까닭은 왜일까요?

우리는 무엇을 자꾸 하다보면 자신도 모르는 사이에 그 일에 빠져들게 됩니다. 이러한 현상이 때론 사람들에게 호기심과 생활의 활력을 주지만, 정도가 지나치면 오히려 생활에 많은 어려움과 지장을 초래합니다. 우리는 이런 상태를 '중독'이라고 말합니다. 중독에는 여러 종류가 있어요. 특정한 물건에 집착하는 경우도 있고 특정한 일과 관련되기도 하고, 또 살아 있는 생명체와 관계되는 것도 있지요.

그러면 다음과 같은 질문들을 던져볼 수 있겠네요. 사람을 만나는 게 싫고 혼자 있고 싶어 하는 것도 중독이라고 할 수 있을까요? 텔레비전을 보면서 여기저기 자꾸 채널을 돌리는 것도, 음식을 보면 참기 어렵고, 대중 스타를 좋아하는 것도 중독인가요? 친구 때문에 다른 일은 하지 못하는 것은요? 다른 사람을 미워하고 좋아하는 것도, 남을 괴롭히는 것도 자꾸 하다 보면 중독이 되는 것일까요? 알지 못하는 사람을 계속해서 관찰하고 들여다보는 것, 다른 사람들의 사생활을 내 마음대로 말하는 것, 이런 것도 모두 중독일까요? 나의 의지와는 관계없이 어딘가로 자꾸 가고 싶고, 어떤 일만 자꾸 하고 싶고 누군가 한 사람만 자꾸 떠오르는 일 모두가 다 중독과 관계 있는 것일까요?

아빠는 일에 중독되고, 엄마는 잔소리에 중독되었고, 누나는 공부에 중독된 것일까요? 그래서 아빠는 일만 하시고, 엄마는 나만 보면 잔소리를 하시며, 누나는 공부가 최고라고 생각하는 것일까요? 나는 엄마의 음식 맛에 중독되어 엄마가 만들어주시는 것이 제일 맛있다고 생각하고, 우리나라 사람은 매운 맛에 중독되어 고추를 고추장에 찍어 먹으면서도 매워하지 않는 것일까요?

자꾸만 하고 싶은 그것

정치인은 권력에 중독되어 뻔히 잘못된 줄 알면서도 똑같은 잘 못을 반복하는 것일까요? 사하라 사막에 사는 유목인은 유랑생활 에 중독되었기에 정부에서 제공하는 주택도 거부하고 사막에서의 삶을 고집하는 것인가요? 현대인은 편리함에 중독되어 불편을 참아 내지 못하는 것일까요? 그래서 걷기보다는 자동차 타기를 더 좋아 하며 그로 인해 대기가 오염되고 그 공기에 우리가 다시 중독된 것 인가요? 인류는 과학의 발전에 중독되어 끝없이 과학기기를 만들어 내고 우리는 그를 통해서만 살 수 있다고 생각하는 것일까요?

중독의 한 형태로 마니아mania와 오타쿠otaku라는 것이 있습니 다. 마니아와 오타쿠는 어떤 일을 열광적으로 좋아하고 그 일에 극 도로 열중한다는 면에서는 비슷해요. 하지만 마니아가 관심을 가 지는 일에 시간과 비용을 투자하며 취미 이상으로 전문가적 수준 에서 즐기는 데 반하여, 오타쿠는 마니아보다 훨씬 더 과한 관심을 가지고 대상에 집착합니다. 그래서 거의 광적으로 빠져들어 숭배 차원으로 이어지지요. 반면에 너무 한 가지에만 중독된 나머지 혼 자 있기만을 좋아하고, 사람들과 어울리는 일을 힘들어 하기도 합 니다.

'지나치면 모자라는 것보다 나쁘다'는 말도 있지요. 어떤 일에 관심을 가지고 집중하는 것은 좋은 일이지만 일상적 삶에 지장을 줄 정도라면 문제가 있을 것입니다. 그래서 우리는 늘 자신을 돌아 보아야 하겠지요.

중독

우리는 왜 그 일을 좋아하게 된 걸까?

우리는 왜 어떤 일을 좋아하게 될까요? 내게 좋은 일이란 내가 좋아하는 일이기도 하지만 어쩌면 다른 이유들 때문에 좋아진 일일 수도 있습니다. 다시 말해서 어쩌면 그것은, 그저 좋아진 것을 우리가 그것을 원래부터 좋아했다고 생각하는지도 모릅니다.

고대 그리스의 철학자 아리스토텔레스는 우리가 자신에게 좋은 일이라고 여기는 데에는, 습관이 크게 작용한다고 말합니다. 사람은 어떤 일을 되풀이하게 되면 습관이 생기고 습관은 편리함을, 편리함은 익숙함을 가져오면서 우리는 그 일을 좋아하게 된다는 것이지요. 그러므로 우리가 무엇을 좋아한다는 것은 엄밀히 말하면 좋아진 것이라 할 수도 있습니다. 우리가 어떤 일이 자꾸 하고 싶은 것은 정말 내가 그 일을 다른 일들과 비교하며 판단하고 선택해서 좋아하는 것이기보다 습관에 의한 것이라는 이야기이지요. 지금 내가 좋아한다고 여기는 일들, 그래서 중독된 것인지도 모른 그런 일들도 역시 습관이 작용한 결과라고 할 수 있습니다.

만약 그렇다면 어떤 습관을 가지느냐는 우리에게 참으로 중요하다고 할 수 있습니다. 습관에 따라 좋아하는 것이 다르다는 말은 곧 내가 어떤 사람이 되느냐의 문제와도 연관이 있기 때문입니다. 사람은 자신이 좋아한다고 여기는 일을 자꾸 하게 되면서 자신도 모르게 그 일에 빠져들게 되지요. 그래서 결국에는 그런 일을 하는

사람이 되기 쉽습니다. 어떤 일에 우리가 얼마나 심취하는가에 따라 때론 좋은 일이 되기도 하지만 또 나쁜 일이 되기도 하니까요. 왜냐하면 우리가 어떤 일을 좋아해서 빠질 만큼 열심히 하면 그 일에 대한 전문가가 될 수도 있지만 반대로 너무 지나치면 다른 일은 하지 못하게 되어 오히려 살아가는 데 어려움을 겪게 되기 때문입니다. 그러기에 우리가 어떤 일에 얼마만큼 시간을 쓰는가는 참으로 중요합니다.

만들어진 중독

우리들의 습관은 환경과 밀접한 연관이 있습니다. 맛있는 음식이 있는 곳에서는 자꾸 먹을 것을 생각하고 책이 있는 곳에서는 책과 관련된 것을 생각하듯이 사람은 자기가 속한 환경에 영향을 받는 존재입니다. 아리스토텔레스가 이야기하였듯이 사람은 혼자가 아니라 다른 사람들과 더불어 살아가는 사회적 존재이기에 우리는 주변 사람에 의해서 영향을 받기도 합니다. 독일 철학자 하이데거는 이러한 사람을 가리켜 '세계-내-존재'라고 이야기합니다. 사람은 혼자가 아니라 주변과의 관계 속에서 살아간다는 뜻이지요.

우리가 살아가는 이 세상은 자본의 가치를 최우선적으로 여기는 자본주의사회입니다. 그래서 우리는 원하든 원하지 않든 자본주의의 영향을 받으며 살아가기 마련입니다. 자본주의사회는 모든 것을 돈으로 판단하고 생각하고 말합니다. 그래서 우리는 돈만 있으면 무엇이든 다 할 수 있다고 생각할 수 있습니다. 그런데 과연 그럴까요? 자본주의사회에서 행복은 돈과 뗄 수 없는 관계일까요? 혹시 자본주의가 만들어내는 상품을 소비하는 일에서만 우리는 삶의 의미와 행복을 찾고 있지는 않나요?

아도르노Theodor Wiesengrund Adorno(1903~1969)라는 철학자가 있습니다. 그는 자본주의가 문화라는 옷을 입고 사람들이 상품을 소비하도록 이끈다고 말했지요. 여러분은 '문화'라고 하면 제일 먼저 뭐가 떠오르나요? 아이돌 스타가 떠오르나요? 사실, 문화 산업의 중심에서는 텔레비전과 같은 대중매체와 아이돌 가수와 같은 대중 스타가 큰 역할을 합니다. 사람들은 필요에 의해서가 아니라 대중매체와 대중 스타가 만들어내는 환상, 즉 이미지에 이끌려 물건을 사기고 하고 쓰기도 하는 것이죠. 왜냐하면 사람들은 기업이나 자본이 만들어낸 이미지를 보고, 그것과 하나가 되고 싶은 욕망에 이끌려 소비를 하거든요. 소녀시대나 아이유 같은 인기 있는 아이돌 스타가 광고하는 브랜드의 교복이 더 예뻐 보이고 이를 입고 싶어 하는 것도 바로 이 때문일 것입니다. 현재 사용하는 것으로 충분하면서도 늘 새로운 핸드폰이나 기기를 원하는 것도 마찬가지가 아닐까요? 우리는 이를 가리켜 시뮬라시옹Simulation* 이라고 할 수 있습니다.

자꾸만 하고 싶은 그것

시뮬라시옹은 프랑스의 철학자 장 보드리야르Jean Baud-rillard(1929~2007)가 한 말이지요. 사람은 이러한 시뮬라시옹에 의해 생각하는 주체가 아닌 소비의 주체가 되어 갑니다. 사람들은 더 이상 스스로 생각하고 판단하며 살기보다는 자본주의가 만들어놓은 상품을 소비하는 데에 열중하지요. 마치 그것을 좋아하고 선택하고 소비하는 것처럼 말입니다. 한데 사실 자세히 들여다보면 우리에게는 그것을 소비하는 선택만 주어져 있지요. 그렇다면 우리가 정말 자유로운 사람이라고 말할 수 있을까요? 우리는 혹시 소비에 중독되어 있는 것은 아닐까요?

우리는 정말 필요에 의해서 물건을 사나요? 아마 필요하지도 않은데 물건을 산 적이 있을 거예요. 좋아하는 연예인이 광고를 하거나 반 친구들이 가졌기에 필요하지도 않은 물건을 사기도 하고요. 그냥 좋아 보여서, 멋있을 것 같아서, 친구들에게 자랑하려고, 친구들에게 따돌림을 당하지 않기 위해 물건들을 사기도 합니다. 그러다보니 어떤 사람은 필요한 물건이 너무 부족해서 힘들어 합니다. 또 어떤 사람은 여유가 있다고 아무런 생각 없이 마구 소비를 하기도 하지요. 또 어떤 사람은 모으기만 하고 소비는 하지 않기도 하고요. 또 어떤 사람은 자신의 처지는 고려하지 않고 소비부

★**시뮬라시옹** 실제로 있지 않은 것을 마치 있는 것처럼 여기는 일을 말한다. 다시 말해 그 자체로는 있지 않으면서도 마치 무엇인가가 있는 것처럼 이미지를 형성하면서 현실세계를 지배해가는 일을 통칭하여 '시뮬라시옹'이라고 한다.

중독

터 합니다. 그렇다면 어떻게 소비하는 것이 바람직할까요? 자본주의라는 환경 속에서 소비 주체로 살아가는 우리들은 바람직한 소비가 무엇인지 생각해볼 필요가 있습니다.

우리도 모른 채 중독되기 쉬운 것은 소비문제 외에도 많이 있습니다. 만약에 자신이 이런 문제로부터 일정한 거리두기를 하지 못하게 된다면 어떻게 될까요?

아름다운 중독

그렇다면 중독은 모두 나쁘기만 한가요? 사람은 무엇인가를 하면서 살아가지요. 그리고 그 무엇인가를 얼마만큼 열심히 하느냐에 따라 자신이 원하는 삶을 살기도 하고, 그렇지 않기도 합니다. 그래서 사람들은 있는 힘을 다해 자신이 하는 일을 열심히 하는지도 모릅니다. 열심히 하는 만큼 자신의 꿈에 더 가까워지는 것일테니까요. 그런 면에서 중독이 다 나쁜 것만은 아니지요. 끊임없이 알고자 하는 열망과 태도를 가지고 새로운 것을 만들어낸다는 면에서는 한편으로 문화 발전에 역할을 하는 것이니까요. 우리는 이를 가리켜 아름다운 중독이라고 할 수 있을 겁니다.

화가는 그림을 그리는 일에 열심입니다. 가수는 노래 부르는 일에 열심이죠. 농부는 곡식을 심고 거두기에 열심이고 선생님은

자꾸만 하고 싶은 그것

우리를 가르치는 일에 열심입니다. 소방관은 재해를 복구하는 일에 열심이며 교통경찰은 질서를 유지하는 일에 열심입니다. 기관사는 열차를 운전하는 일에, 스님은 염불에, 목사는 기도에 열심입니다. 구호기구에서 일하는 봉사자는 구호활동에 열심이고 의사는 아픈 사람을 돌보는 일에 열심입니다. 그렇다면 여러분은 무슨 일에 열심이지요?

흔히 사람은 어떤 일에 열심일 때 아름답다고 이야기합니다. 그 이유는 무엇인가요? 아름다운 것은 사람에게만 해당되는 말일까요? 우리는 자신의 새끼에게 열심히 먹이를 나르는 아빠 새를 보며 감탄하고, 끝까지 알을 품고 있는 어미 닭이 대단해 보이고, 새끼를 지키기 위해 자신보다 큰 동물과 맞서 싸우는 개를 보며 감동하기도 합니다.

낮 동안 환히 밝히던 해도 산등성이를 넘어갈 때는 있는 힘을 다해 붉게 물들이고, 겨울이 오기 전 마지막 길을 떠나는 낙엽도 있는 힘을 다해 색색 옷을 갈아입습니다. 온실을 따뜻하게 만드는 연탄도 마지막까지 혼신의 힘을 다해 자신을 태웁니다. 그래서 우리는 이러한 아름다운 모습을 그림으로 사진으로, 시로 담기도 합니다.

아름다운 사람은 사람들 마음속에 오래 기억됩니다. 그래서 사라지지 않고 영원히 살아 있습니다. 우리의 마음에는 누가 있나요? 그는 어떤 아름다운 삶을 살다 갔나요? 왜 어떤 사람은 아름답고 또 어떤 사람은 그렇지 않은 걸까요? 자신과 다른 사람들에게 기쁨과 행복을 주는 일이 있다면 그것은 어떤 일일까요? 우리는 무엇을 위해 나의 귀중한 시간과 열정을 쓰고 싶나요?

자꾸만 하고 싶은 그것

혼자 읽어도 좋은 책

**게임중독
탈출학교**

김진섭 지음
다산 어린이, 2009

청소년 세 명이 게임을 하면서 겪게 되는 변화를 보여주는 책이다. 게임에 빠지면서 느끼는 감정들과 그것이 일상과 어떻게 연결되는지, 그러한 습관을 스스로 어떻게 고쳐나갈 수 있는지 담고 있다. 동화로 쓰여진 이 책은 게임을 즐기는 청소년뿐만 아니라 가족의 역할, 학교의 역할 등을 포괄적으로 다루고 있다. 게임 중독에서 벗어나고 싶은 청소년들이 혼자 읽고 스스로 방법을 찾아나가는데 도움이 될 것이다.

**안녕 내 친구
빈센트 반고흐**

김유리 지음
교학사, 2000

이 책은 우리들이 잘 알고 있는 고흐의 생애와 그가 그림에 대해 쏟은 열정을 들려준다. 고흐의 인생을 따라가다 보면 우리가 무엇에 열정을 쏟아야 하는지, 어떤 삶이 아름다운 것인지 다시 한 번 생각해보게 된다. 어린 시절에는 따돌림을 당하고, 집안에서는 천덕꾸러기였으며, 가난한 화가로 살았던 고흐의 인생 이야기는 청소년에게 여러 가지 생각할 거리를 던져줄 것이다.

**10대를 위한
가슴이 시키는 일**

김이율 지음
판테온하우스, 2011

故 김수환 추기경, 스티브 잡스, 버락 오바마 등 10대 청소년들이 닮고 싶어 하는 아홉 명의 롤모델의 꿈, 열정, 희망을 담은 책이다. 아직 자신의 꿈을 찾지 못했거나, 삶이 막막해 어렵다고 느끼는 청소년들에게 다시 한번 용기를 내보자고 격려해줄 수 있는 내용이 곳곳에 담겨 있다.

중독

일의 기쁨과 슬픔

알랭 드 보통 지음
정영목 옮김
은행나무, 2012

청소년들이 어른이 되면 일상의 대부분을 직장에서 보내게 된다. 도대체 우리는 왜 일을 하는 것일까? 저자인 알랭 드 보통이 다양한 일의 현장을 다니며 보고 느낀 것들을 써서 묶은 에세이다. 일하는 세계의 아름다움과 권태, 기쁨은 물론 어려움에 이르기까지 일의 다양한 면을 서로운 시각으로 그려내고 있다. 이 책은 어떤 직업을 선택하고, 어떤 일을 할 것인지 고민하는 청소년들에게 일에 대해 철학적으로 생각해볼 수 있게 돕는다.

소비의 사회

장 보드리야르 지음
이상률 옮김
문예출판사, 1992

이 책의 프랑스의 대표적인 사상가 중 한 명인 보드리야르가 자본주의 사회에서의 소비 문제를 다루고 있다. 중독 편에 소개된 '시뮬라시옹'에 대한 내용도 자세히 살펴볼 수 있다. 이 책을 읽고 나면 소비한다는 것에 대한 생각을 비롯해 자신의 소비 방식을 되돌아볼 수 있을 것이다. 어른들과 함께 읽고 소비문제에 대한 생각을 나눠보기를 권한다.

게임 중독과 셧다운제

전종수 지음
커뮤니케이션북스, 2012

이 책의 저자는 게임에 대한 편향적인 시각을 배제하고 게임 중독을 다시 보자고 권한다. 그러면서 게임 중독과 관련해서 국내 각계의 연구물들과 자료들을 바탕으로 게임에 대한 오해와 진실을 구분하도록 이끌어준다. 뿐만 아니라 제도, 문화, 교육적 시각에서 게임의 역기능을 극복할 수 있는 폭넓은 제안을 제시한다. 게임 중독에 관해 더욱 심도 깊은 내용을 알고 싶다면 이 책을 권한다.

자꾸만 하고 싶은 그것

가족

누가
내 가족일까?

박승현

"

가장 소중한 것은

여러분의 가장 가까운 곳에 있습니다!

저는 오늘도 일기장에 엄마가 밉다고 썼습니다. 아무리
노력해봐도 엄마가 좋아지지 않습니다. 평생 이렇게 엄마와
대립관계일 것 같아 걱정이에요. 엄마는 잔소리를 하루도
거르지 않습니다. 가끔은 정말 저희 엄마가 맞는지 모르겠다는
생각이 들 정도예요. 그래서인지 어떨 땐 집에 있는 게 불편하고,
집에서 밥 먹기도 싫더라고요. 가족이 대체 뭐 길래 이렇게 저를
힘들게 하는 걸까요?

가족의 의미 다시 묻기

가정은 일반적으로 부모와 자녀가 한데 모여 의식주 등의 공
동생활을 하는 생활 공동체입니다. 이 공동생활을 하는 사람들을
우리는 가족이라 하고, 가족들이 공동으로 생활하는 장소를 가정
이라고 합니다. 또한 가정은 가족들이 생활할 수 있는 공간적 장소
와 더불어, 가족들이 서로 사랑하고 믿는 가운데 공동의 목표를
달성해나가는 따뜻한 보금자리를 의미하기도 합니다.

하지만 출생에서부터 사망에 이르기까지 가정과 너무나 밀접하게 생활하지만 가정생활의 반복적이고 단순한 일과성으로 인하여 마치 우리가 물이나 공기의 필요성과 중요성을 평소에는 잘 인식하지 못하듯이, 가정과 가족의 소중함을 간과하기 쉽습니다.

　　우리가 행복하기 위해서는 무엇이 가장 필요할까요? 돈 혹은 물질일까요? 아니면 좋은 직업이나 높은 지위일까요? 아니면 그밖에 또 다른 무엇이 있을까요? 생각에 따라 조금씩 차이는 있겠지만 아마도 가정과 가족이라고 대답하는 경우가 많을 겁니다. 친구와 주변에 좋은 분들이 가족과 같은 위로와 힘을 주기도 하지만 우리는 대체로 가정과 가족에게서 다친 마음을 위로 받고, 지친 마음은 달래며 살아갑니다. 그런 점에서 가정은 이익과 손해를 중시하는 다른 사회집단과 다릅니다. 대개의 가정은 하나의 이익을 쟁취하기 위하여 경쟁하는 관계집단이 아니지요.

　　가정과 가족은 개인의 사회화의 기본을 형성하는 데 결정적인 역할을 할 뿐 아니라, 좋은 가정이 모여 건전한 사회를 만듭니다. 우리는 부모로 인하여 형성된 가정의 한 구성원으로 삶을 출발했지만 언젠가는 우리도 스스로 가족을 꾸리고 새로운 가족원을 맞이할 준비를 해야 합니다. 현대사회의 급속한 변화 속에서 가정의 의미를 다시 살펴보고 가정의 중요성을 돌아보아야 할 이유가 여기에 있습니다.

누가 내 가족일까?

전통적 의미의 가정과 가족의 역할이 현대사회에서는 점차 변하고 있습니다. 알다시피 우리나라는 1960년대 이후에 공업화와 도시화로 급격한 변화를 겪었습니다. 이러한 사회변화는 개인의 삶에도 큰 영향을 끼쳤습니다. 전통적 가족제도를 받아들이게 했던 노동 집약적인 사회, 다시 말해 옛날 농업사회의 모습들은 이제 찾아보기 힘들어졌습니다. 과거 농업 중심적 사회에서는 '나'라는 개인보다는 '우리'라는 전체를 많이 생각했지만, 지금은 각자의 인권과 '나'를 강하게 의식하지요. 가족에 대한 생각도 과거에는 '우리'를 강조하며 반드시 생사와 고락을 함께 해야 한다는 생각을 강조했지만, 지금은 그렇지만은 않습니다. 집안에서도 가장인 아버지가 가부장적인 권위를 행사하는 경우가 줄어들고 있고, 부모와 자식 간에도 자식들이 부모의 말을 무조건 따르는 것을 당연한 것으로 받아들이지 않지요.

가족 구성원에 대한 생각 역시 많이 달라졌습니다. 이혼을 하거나 재혼을 하는 사람들이 늘어나면서 자신과 다른 성을 가진 새아빠와 형제, 또는 새엄마와 새롭게 가정을 구성하고 가족으로 살아가는 경우가 많습니다. 또한 다른 문화와 다른 피부색을 가진 사람들이 하나의 가정을 꾸리고 사는 다문화가정도 많이 늘어났지요. 그뿐 아니라 자녀를 입양해 가족을 꾸리는 경우도 볼 수 있습

니다. 혼자 사는 1인 가구도 늘어나고 있고요. 동성끼리 가정을 꾸리는 사람들도 있습니다. 그러다보니 가족의 범위가 기존과 많이 달라졌습니다. 그렇다면 누가 나의 가족이라고 할 수 있을까요? 함께 한 공간에서 살면 가족인 건가요? 같은 부모님에게서 태어난 사람만이 가족인가요, 그러면 부모가 다른 사람은 가족이 될 수 없나요? 아니면 나와 마음이 통하는 사람이 가족인가요, 만약에 나와 마음이 통하지 않는다면 엄마와 아빠도 가족이 아닐 수 있나요? 내가 생각하는 가족과 다른 사람이 생각하는 가족, 그리고 성직자가 생각하는 가족은 다른가요? 변화하고 있는 가정과 가족에 대해 생각해볼 때입니다. 그리고 가족윤리를 어떻게 만들 것인지도 함께 고민해봐야겠지요.

가족의 행복이란 무엇인가

그렇다면 어떤 가족의 모습이 행복하다고 할 수 있을까요? 겉으로는 행복해 보이지만 불행한 가족도 있고, 힘들어 보이지만 참 행복한 가족도 있습니다. 또 풍족한 생활을 하지만 심적으로 힘겹게 사는 가족도 있고요.

설날이나 추석 등 명절이 다가오면 '명절 증후군'이라는 말을 많이 듣습니다. 어머니들이 명절날 음식을 하고, 손님치레를 하느라 부엌에서 고생한 뒤에 며칠씩 앓는 것을 보기도 하지요. 명절은 가족들이 모여서 서로 즐겁게 시간을 보내고 따뜻한 정을 쌓자는 데 의미가 있지만 실제로 그러한 경우는 드물지요. 예전에는 가족들이 함께 모여 윷놀이 등과 같은 놀이를 하며 가족 간에 서로를 이해하고 화합하는 계기를 마련하기도 했습니다. 최근 가족들과 모여서 무슨 놀이를 한 적이 있는지 한번 생각해보세요. 별로 생각나는 것이 없을 것입니다. 지금은 가족들이 모여도 음식을 함께 먹고 헤어지는 것 외에는 하는 일이 별로 없습니다. 가족 간에 서로 소통할 기회를 주던 놀이가 사라졌고, 가족 간의 신뢰와 사랑이 점차 약화되었다고 볼 수 있을 것입니다.

그렇다면 다시 물어볼까요? 어떤 가족이 행복하다고 생각하나요? 가족에게 중요한 것은 무엇이지요? 돈인가요? 같이 있는 시간인가요? 믿음인가요? 아마도 서로를 아껴주고 믿어주는 사랑과 신뢰가 아닐까 생각합니다. 가족 구성원에 반드시 엄마 아빠가 있어야 하고, 꼭 같이 살아야만 하는 것은 아닙니다. 더욱이 돈이 많고 많이 배워야만 행복한 것도 아닌 것 같습니다. 가족이 어떻게 구성되어 있든, 어디에 있든, 믿음과 신뢰로 사랑하고 아껴주려는 마음이 가장 필요합니다. 그런 이유 때문에 옛 성현들은 거듭 가족 구성원 사이의 사랑과 이해, 그리고 인격적 존중을 강조했던 것입니다.

가족에게 필요한 것

전통적으로 가족이라고 하면, 엄한 아버지와 맹목적으로 따르는 자식의 모습을 떠올립니다. 하지만 부모가 자신의 주장만을 무조건 내세우고 자식의 생각이나 입장을 무시한다면, 행복하고 화목한 가정이라고 말할 수 없겠지요. 모든 인간은 성별이나 지위, 그리고 나이를 불문하고 인간이라는 점에서 평등합니다. 그런 점에서 우리의 전통적 가족제도가 가지고 있는 비민주적 요소를 비판적으로 볼 필요가 있지요.

흔히 우리의 가족윤리에서 강조되는 것이 부모에 대한 효도입니다. 이것은 아랫사람이 윗사람에 대한 맹목적인 복종을 강요하는 것 같은 인상을 주기도 합니다. 그러나 효도를 이야기할 때 반드시 따라오는 것이 바로 부모의 자식에 대한 사랑을 의미하는 '자慈'입니다. 사랑하는 마음의 표현이라는 것은 자신만의 입장을 내세우거나 고집하는 것이 아니라, 상대의 입장에서 보려고 하고, 상대를 배려하려는 마음을 앞세우는 것입니다. 부모가 자식을 사랑하는 마음을 '자애로움(慈)'이라고 하고, 자식이 부모를 사랑하는 마음을 '효孝'라고 합니다. 자애로움과 효도란 서로를 배려하고 아끼는 사랑의 다른 표현인 것이죠. 어느 한쪽에 일방적으로 강요된 것은 진정한 사랑이라 할 수 없습니다. 진정한 사랑이란 상대를 배려하고 존중하는 따뜻한 마음의 표현이니까요. 그런데 이러한 따

가족

뜻한 마음을 통해서 드러나는 '사랑'을 중국의 사상가 공자는 부모에게 효도하고 어른에게 공경하는 것에서부터 시작해야 한다고 말합니다. 왜냐하면 '사랑'의 실천은 나에게 가장 가까운 사람에게 먼저 행하는 게 가장 쉽기 때문입니다. 그러면 우리에게 가장 가까운 사람은 누구일까요? 바로 가족이 아닐까요? 부모나 형제자매, 혹은 할머니 말이지요. 부모를 사랑하는 사람은 이웃 어른을 만날 때도 부모를 사랑하는 그 따뜻한 마음으로 대할 가능성이 높을 겁니다. 부모를 사랑하고 배려하는 마음에서 출발한다면 '효' 역시 불편하고 어려운 것으로만 받아들여지지 않겠지요.

가족은 서로 신뢰하고, 존중하고 배려할 때 더욱 행복해집니다. 자식은 부모에게 모든 것을 다 의존하거나, 모든 일을 다 부모의 책임으로 돌려서는 곤란합니다. 마찬가지로 부모 또한 모든 것을 자식에게 다 의지하거나 책임을 돌려서는 행복한 가족을 만들기 어렵지요. 서로에게 감사하는 마음으로 배려하고 아끼고 신뢰할 때 행복한 가족이 되지 않을까요?

가족과 사회의 관계

지금 우리 사회는 산업화되고 자본주의가 발달하면서 다른 사람들의 고통은 돌아보지 않고 자신의 이익만을 우선시하는 이

누가 내 가족일까?

기주의적 경향이 심화되고 있습니다. 그렇다면 이러한 현대사회에서 바람직한 가족은 과연 어떤 모습일까요? '우리'라는 공동체에 현대사회가 요구하는 가족에 대한 생각을 그려보면 어떨까요? '우리'라는 전통적 가족관계에서는 나보다는 더욱 큰 자기의 성장을 도모할 수 있습니다. 그리고 현대는 개인인 '나'의 독립성과 자주성을 키울 수 있답니다. 살아가는 데 필요한 이 두 요소를 잘 살릴 수 있는 가족상을 만들어 간다면 좋지 않을까요?

개인으로서의 '나'는 나의 자주성과 나의 인격을 중요시합니다. 그렇다고 이것이 나의 이기심이나 쓸데없는 고집을 뜻하는 것은 아니지요. 또한 공동체로서의 '우리'를 지키기 위하여 필요한 것은 공동체에 대한 사랑과 협동심이지, 개인으로서의 '나'를 부정하는 것이 결코 아닙니다. 공동체로서의 '우리'를 위해 때로는 개인인 '나'의 작은 이익을 포기할 때도 있지만 그렇다고 '나' 자체를 부정하는 것은 아닙니다. '나'의 작은 이익보다는 더욱 큰 자아인 '우리'를 위하여 협동할 때, 우리 안에서 더욱 큰 나를 만들 수 있지 않을까요?

이때 우리란 가족뿐만 아니라 직장, 사회단체, 국가 등이라고 생각할 수 있지요. 가족은 여러 가지 공동체 가운데서 가장 작은 우리이지요. 그래서 '나'와의 관계가 가장 밀접한 가족은 '나'의 가슴 안에 품기가 비교적 쉬운 공동체라 할 수 있습니다. 그러므로 나에서 가족으로 그리고 사회로 점차 우리의 범위를 확대해가

가족

며 사회 전체를 하나의 가족처럼 여긴다면 어떻게 될까요? 그렇다면 가족 성원들의 개인적 자유와 자주성이 존중될 뿐 아니라 가족 성원들의 자유롭고 자주적인 협동을 통해서 현대사회가 고민하는 수많은 문제들도 조금씩 해결해나갈 수 있지 않을까요?

우리나라는 지금 스마트폰으로 상징되는 정보화 시대를 맞고 있지요. 이러한 사회변화는 개인의 삶에도 큰 영향을 미치고 있습니다. 하지만 모든 것이 변하여도 우리가 사람이라는 사실은 변할 수 없듯이, 혼자보다는 더불어 사는 것이 행복하리라는 것은 변하지 않을 것입니다. 더불어 행복하게 살기 위해서는 서로 사랑해야 한다는 것도 그런 이유 때문이겠죠. 행복은 서로 사랑할 때 피어나는 것이니까요. 그러하기에 가족이 더 소중하게 다가오는 것이 아닐까요?

혼자읽어도좋은책

완득이

김려령 지음
창비, 2008

난쟁이 아버지와 베트남에서 온 어머니, 어수룩하고 말을 더듬는 가짜 삼촌까지. 완득이네 가족은 냉정한 현실에서 결코 환영받지 못할 가족상이다. 그러나 어려운 가족의 환경 속에서도 17세 완득이는 킥복싱을 배우면서 세상에 분노를 표출하는 방법을 배우고, 어머니를 만나 애정을 표현하는 법을 배운다. 가족의 소중함을 우리에게 말해준다.

강영계 교수의 사랑학 강의

강영계 지음
새문사, 2008

가족 간에 가장 소중한 건 사랑이다. 이 책은 사랑의 가치에 대해 다시금 생각해볼 수 있게 도와준다. 우리 삶에서 사랑은 너무나도 큰 비중을 가진 생명의 요소이며 힘이다. 이 책은 미움의 정서와 대립될 뿐만 아니라 불쾌, 불안, 안정, 의심, 분노, 질투 등 많은 정서들과 불가분의 관계를 맺고 있는 사랑이라는 감정을 철학자의 입장에서 여러 각도로 조명하고 있다.

채지충의 유교 사상 이야기

채지충 지음
정광훈 옮김
김영사, 2009

중국 사상가들인 '공자', '맹자', '노자', '장자'의 가르침을 쉽고 재미있는 만화를 통해 독창적으로 재해석한다. 가족윤리의 근간이 되는 공자의 인의 사상뿐 아니라 겸손과 양보를 통한 공존을 강조하는 도가의 무위자연의 사상을 이해하기 쉽게 설명하고 있다.

가족

부모와
십대 사이

하임 G. 기너트 지음
신홍민 옮김
양철북, 2003

이 책은 십대 자녀를 둔 가정에서 부모와 아이들이 평화에 이르는 길을 제시한다. 부모와 십대가 서로의 생각을 나눌 수 있는 조건들에 대해 토론하며, 십대와 함께 서로 존중하고 품위를 유지하며 살아가는 방법에 대해 기술하고 있다. 특히 유익한 칭찬과 비판, 바람직하지 않은 칭찬과 비판에 대해 자세하게 서술하고 있다. 이성 교제와 성, 음주에서 학교 공부까지 청소년들이 맞는 다양한 문제에 대한 바람직한 가치관과 대처법도 안내한다.

행복한 가족의
8가지 조건

스콧 할츠만 · 테레사 포이 디제로니모 지음
정수지 옮김
랜덤하우스코리아, 2010

할츠만 박사는 행복한 가족에게서 행복한 인간이 탄생한다고 말한다. 그가 찾아낸 가족 행복 조건은 ①가족의 가치관 확립과 실천 ②헌신하기와 소통하기 ③아낌없이 지원하고 지지하기 ④자녀교육하기 ⑤융화시키기 ⑥정정당당하게 갈등을 해결하기 ⑦고난과 시련 후 회복하기 ⑧함께 휴식하기다. 이런 행복 조건들은 그냥 만들어지는 것이 아니라 서로의 의도적인 노력을 통해 만들어지는 것이라고 말한다.

엄마를 부탁해

신경숙 지음
창비, 2008

우리에게 엄마는 어떤 존재일까? 누구에게도 이해받지 못하고 묵묵히 가족들을 위해 희생해온 엄마를 우리는 얼마나 생각하고 있을까? 지하철 서울역 구내에서 동행하던 남편을 놓친 뒤, 길을 잃고 사라져버린 칠순의 늙은 엄마. 가족들은 엄마를 잃어버리기 이전에 이미 엄마를 '거의' 잊고 있었다. "엄마를 잃어버린 지 일주일째다"라는 문장으로 시작하는 이 소설은 가족 속에서 엄마의 존재를 다시금 생각하게 만든다.

누가 내 가족일까?

차별

다름을
배우고,
공감하기

이연도

다른 사람의 고통을 나의 아픔으로 느끼는 '공감',

그 마음이 인문학에서 배워야 할 첫째 공부다!

얼마 전 학교에서 제비뽑기로 자리를 정했는데요. 제 옆자리에는 석운이란 아이가 앉게 되었어요. 석운이 엄마는 베트남 사람이라고 합니다. 그래서인지 석운이는 얼굴색도 보통 친구들보다 더 까맣고, 한국말 발음도 조금 어색해요. 다 같은 반 친구들이니 사이좋게 지내야 한다는 건 알지만, 사실 석운이랑 그다지 친하게 지내고 싶지 않아요. 이런 마음을 가지는 게 나쁘다는 것도 알지만, 자꾸 이런 마음이 드는 것을 어떻게 해야 할지 모르겠습니다.

누구에게 어떤 배역을 맡길까?

"당신이 영화감독이라면, 다음 배역을 누구에게 맡기겠습니까?"

제시된 사진의 배우들은 각각 백인, 아시아인, 흑인입니다. 이 배우들이 연기할 배역은 사장과 걸인, 악마와 천사이고요. 서울의 한 초등학교에서 실시했던 이 실험의 결과는 어떻게 나왔을까요?

응답한 아이들 대부분이 사장 배역엔 백인 남성, 악마를 연기

다름을 배우고, 공감하기

할 사람으로는 흑인 남성을 뽑았습니다. 천사 역은 백인 여성을, 걸인으로는 아시아 여성을 꼽았고요. 왜 그런 선택을 했느냐는 물음에 아이들은 아시아 여성은 "가난하게 생겨서"라고 대답했고, 흑인 남성은 "무섭게 생겨서"(윌리엄 피터스, 김희경 옮김, 《푸른 눈, 갈색 눈》, 한겨레출판, 2012, 235쪽)라고 대답했습니다. 우리나라는 미국처럼 다인종 국가가 아니기 때문에 피부색에 따른 인종차별이 없는 것처럼 보이기도 합니다. 하지만 이 사례는 우리들 마음속에 인종에 대한 차별의식이 얼마나 뿌리 깊게 존재하고 있는지를 잘 보여줍니다.

"대한민국은 민주공화국이다" 이 문장은 우리나라 헌법 제 1조에 나오는 말입니다. '민주공화국'이란 모든 사람이 동등한 권리를 가진 평등한 사회라는 의미입니다. 1948년에 제정된 유엔 인권선언에도 "모든 사람은 인종, 피부색, 성, 언어, 종교, 정치적 또는 기타의 견해, 민족적 또는 사회적 출신, 재산, 출생 또는 기타의 신분 등 어떠한 종류의 차별이 없이 모든 권리와 자유를 향유할 자격이 있다"라고 나옵니다. 그렇다면 오늘날 우리 사회에서 사람들은 헌법과 인권선언에서 말하는 것처럼 차별받지 않고 있나요?

오늘날 세계는 과거의 봉건사회★와 같은 신분제가 존재하지 않기 때문에, 얼핏 보면 사회 구성원 모두가 평등한 인간관계로 이루어져 있는 것처럼 보입니다. 그렇지만 실제로는 많은 차별이 여

★**봉건사회** 봉건사회는 영주, 귀족, 평민 등과 같이 핏줄이나 집안에 따라 태어날 때부터 신분이 결정되는 사회를 말한다.

전히 존재하고 있습니다. 흑인이나 백인, 그리고 황인처럼 피부색이 다른 데서 오는 차별을 직접 실감할 수 있지요. 미국에서는 백인 경찰이 흑인 소년을 범죄자로 오인해 살해한 사건 때문에 큰 진통을 겪기도 했습니다. 그 외에도 남녀, 국가, 지역, 빈부, 학벌에 의한 차별이 우리 사회에 뿌리깊이 존재합니다. 우리나라도 여기에서 예외가 아닙니다.

이러한 차별의식은 어디에서 온 것일까요? 인류의 역사를 되돌아보면 우리 편과 다른 편을 구분하는 속성은 인간이 진화해오는 과정에서 자연적으로 굳어진 것이라고 할 수 있습니다. 그런 의미에서 '차별'은 인간의 본성이지요. 힘이 세거나 이빨이 날카로운 동물에 비해 아무런 장점이 없는 인간이 최상위 포식자가 될 수 있었던 이유는 인간이 군집생활을 할 수 있었기 때문입니다. 중국의 철학자 순자荀子(BC298~BC238)는 인간의 특징으로 집단을 이루어 사회생활을 하는 것을 말했습니다. 한 사람 한 사람은 약한 존재이지만, 사람들이 모인 사회는 다른 동물들을 압도하고 지배할 수 있습니다. 그리고 이러한 집단은 가족, 부족, 민족, 국가로 점차 확대되면서, 인류의 역사가 진행되어 왔습니다. 인류의 역사는 '인간'과 '동물', '우리 부족'과 '다른 부족', '우리 민족'과 '다른 민족' 사이에서 끊임없이 서로 경쟁하는 과정이었습니다. 그러므로 '내 편'과 '다른 편'을 가르고, '다른 편'보다 '내 편'을 먼저 챙기는 것은 우리 유전자에 자연스럽게 각인된 속성이라고 할 수 있습니다. 그중

다름을 배우고, 공감하기

에서도 피부색이나 언어는 눈에 띄는 차이를 가지기 때문에 이념이나 성격과 같은 개념보다 훨씬 빠르게 인간에게 전달됩니다. 그만큼 그로 인한 갈등이나 모순은 즉각적으로 나타나고, 오랜 시간이 지나면서 여기에 정치적 경향이나 사회경제적 지위가 더해지면서 사람들의 생각에 어떤 집단이나 인종에 대한 강한 선입견을 만들게 됐습니다.

　　미국에 흑인 대통령이 당선된 오늘날에도 백인이나 흑인 아이들은 본인의 피부색에 상관없이 여전히 백인을 선호하는 태도를 보이며, 우리나라를 비롯한 대다수 아시아인들도 백인이 흑인이나 황인보다 더 우월하다고 생각합니다. 이것은 영화나 소설 등에 등장하는 인종의 역할과도 밀접한 연관이 있습니다. 지금은 많이 좋아졌지만, 예전의 할리우드 영화를 보면 아시아인이나 아랍인들은 갱단이나 하인으로 나오는 경우가 많았습니다. 우리가 즐겨 읽는 고전들의 주인공들 또한 대부분 백인들입니다. 이런 점에서 인종 문제는 단순히 법률이나 제도를 바꾼다고 해서 해결할 수 있는 것이 아닙니다. 우리들의 사고는 한번 형성되면 쉽게 바뀌지 않으며, 우리들이 생각하는 것과 다른 어떤 사건이 일어난다고 해도 그 인상이 변화되기는 쉽지 않습니다. 그런 점에서 우리 의식 속에 뿌리 깊게 박힌 차별에 대한 생각은 해결하기가 매우 어렵습니다. 우리가 '차별'에 대해 깊이 생각해봐야 할 이유가 여기에 있습니다.

우리가 다문화를
바라보는 시각

오늘날 우리 사회에서 가장 눈에 띄는 차별은 무엇일까요? 다양한 차별이 있겠지만, 여러분이 다니는 학교를 떠올려보면 다문화가정에 대한 차별이 가장 먼저 생각날 것입니다. 여러분 주변에도 부모님이 한국 사람이 아닌 친구들이 있을 거예요. 혹시 그런 친구들을 피부색이 다르다거나 한국말이 서툴다고 놀리거나 괴롭힌 적이 있나요? 다문화가정에 대한 '차별'은 한국사회의 국가, 인종, 남녀에 대한 차별의식이 복합적으로 드러나는 곳입니다. 다문화가정의 많은 아이들은 그들의 피부색이 다르거나 한국어 발음이 어색하다는 이유로 친구들에게 놀림을 받는 경우가 많습니다. 베트남이나 몽골, 중국, 우즈베키스탄 등 부모의 출신 국가를 가지고 놀림을 받기도 하지요. 이러한 현실은 우리 사회가 여전히 다양한 문화에 대해 포용성을 갖추지 못하고 있다는 증거이기도 합니다. 우리나라에서 '다문화가정'이란 '국제결혼으로 구성된 가족'을 의미하지요. 이 단어가 여러분에게는 어떤 느낌을 주나요? 실제 다문화가정의 아이들은 이 '다문화'란 말 자체에 강한 거부감을 나타내기도 합니다.

우리 사회는 단일민족이라는 의식이 강해 외국인에게 배타적입니다. 그리고 이러한 배타성은 가난한 나라에서 온 사람들에게

다름을 배우고, 공감하기

더 강하게 작용합니다. 같은 다문화가정이라 하더라도 백인이나 선진국에서 온 이주가정보다 동남아시아나 몽골, 우즈베키스탄 등에서 온 사람들이 더 심한 차별대우를 받습니다. 인종에 의한 차별에 더해 국가, 지역에 따른 차별이 더해진 것이지요. 우리의 이런 태도는 바람직한 것일까요?

다문화가정을 바라보는 우리의 시각은 단지 어떤 특정 집단에 대해 우리가 가지는 태도만의 문제가 아닙니다. 이러한 현상은 우리가 타인, 즉 다른 사람을 어떻게 볼 것인가라는 근본적인 물음을 던집니다. 미국의 교육자 제인 엘리어트는 일정한 기간을 정해 특정 그룹을 차별하는 '차별의 날' 실험을 진행하였는데, 이 실험을 통해 차별이 아이들에게 얼마나 깊은 상처를 입히는지 확인할 수 있습니다. 그녀는 같은 피부색을 가진 아이들을 '갈색 눈'과 '푸른 눈' 그룹으로 나누고, 특정한 색의 '눈'을 가진 아이들에게 "너희 갈색 눈(혹은 푸른 눈)은 원래 이해력이 부족해"라고 비난하거나 특정한 머플러를 두르게 하는 등의 차별 수업을 진행하였습니다. 짧은 기간 동안 진행된 이 실험에서 차별당하는 그룹에 소속된 아이들은 깊은 충격을 받았고, 이때의 경험은 평생 동안 지속되었다고 합니다. 실험에 참가했던 아이들은 이 경험이 다른 사람을 이해하는 중요한 계기가 되었다고 고백했습니다.

여러분들은 어떤가요? 우리들 각자는 평소에 사람들을 차별하지 않는다고 생각하지만 실제 생활에선 편견과 선입관을 가지

차별

고 말하며 행동하는 경우가 많습니다. 우리 주위에서 다문화가정의 친구들과 같은 반이 되었을 때, 혹은 지하철에서 동남아시아 지역에서 온 외국인 노동자를 만났을 때, 여러분들은 어떤 생각을 했는지 한번 떠올려 보세요. 의외로 나 자신도 상당한 편견과 차별의식에 사로잡혀 있다는 사실을 확인할 수 있을 것입니다. 그만큼 내 안에 있는 '구별짓기'* 의식을 벗어나기란 쉽지 않습니다.

여자 VS 남자, 여성성 VS 남성성

〈화성에서 온 남자, 금성에서 온 여자〉라는 영화가 있습니다. 남자와 여자는 서로 다른 존재라는 내용을 담고 있지요. 이 영화의 제목은 남자와 여자의 차이를 의미하지만, 다른 한편으로 차이가 있을 때 그것이 차별로 이어지는 경우도 있다는 의미를 갖고 있습니다.

우리 사회의 여성에 대한 차별은 예전에 비해 많이 나아졌다고 하지만, 여전히 뿌리 깊게 존재하고 있습니다. 대개의 회사들에서 중요한 의사결정을 하는 임원들은 남성들일 때가 많습니다. 여

★ **구별짓기**　어떤 사람이나 그룹을 평가할 때, 피부색이나 경제적 조건 혹은 성별 등에 따라 미리 구분 짓는 태도를 말한다.

　다름을 배우고, 공감하기

성은 남성에 비해 취직을 하거나 승진을 할 때, 눈에 보이지 않는 차별을 받는 경우가 많지요. 겉으로 보기엔 평등해 보이지만, 어느 순간 두터운 장벽에 부딪치게 되는 여성들이 많습니다. 이런 벽을 투명한 유리에 빗대어 '유리천정*'이라는 말로 표현합니다.

사실 여성에 대한 이러한 차별은 오랜 역사를 가지고 있습니다. 우리나라는 불과 백여 년 전까지만 하더라도 여자와 남자를 서로 다른 존재로 보고, 여자가 공부를 많이 하거나 사회에서 활동하는 것을 금지했습니다. 여자는 남자에 비해 능력이 떨어진다고 생각하고, 여성을 남성의 부속품 정도로 여겼기 때문이지요. 그러므로 여자가 남자의 지시에 따르는 것을 당연하다고 생각했습니다. 우리 사회에서 오랫동안 강조되었던 '삼종지도三從之道'는 이러한 상황을 단적으로 보여주는 사자성어입니다. 여자가 어렸을 때는 아버지를 따르고, 시집가서는 남편을, 늙어서는 아들을 따라야 한다는 법도였습니다. 지금 보면 어처구니없는 말이지만, 이러한 관습은 수백 년 동안 우리 사회를 지배해왔습니다. 지금도 몇몇 사람들은 그러한 생각을 가지고 있기도 합니다. 이런 사정은 단지 우리나라뿐만 아니라 서양에서도 마찬가지였습니다.

1900년대에 이르기까지 서양에서 여성은 공식적인 교육을 받을 수 없었습니다. 여성이 투표권을 행사할 수 있게 된 것은 불과

★ **유리천정** 눈에 뚜렷하게 보이진 않지만, 그 이상 올라갈 수 없는 상태를 가리키는 말로 여성의 상위층 진입을 가로막는 장벽을 말한다.

다름을 배우고, 공감하기

150여 년 전의 일입니다. 여성은 남성에 비해 이성적 능력이 떨어진다고 생각했기 때문에 선거에 참여하는 것을 금지해왔던 것입니다. 당시 선구자적인 역할을 했던 여성들은 그러한 오해가 남성과 동등한 교육을 받지 못한 데 있다고 지적하고, 여성에게도 교육을 받을 권리가 있다고 주장했습니다. 요즘 우리 사회에서 남성보다 뛰어난 연구 업적을 내는 여성 학자나 현실 사회를 날카롭게 분석한 글을 쓰는 여성 언론인들을 보면 그들의 주장이 옳았다는 사실을 새삼 확인하게 됩니다. 사회가 점점 더 정보화되고, 기계화될수록 남녀 간의 차이는 점점 더 희박해질 것입니다. 예전의 산업 사회나 농업 사회에선 물리적 힘이 중요한 요소였기 때문에 남성이 여성에 비해 우월한 지위를 가지기도 했습니다. 그렇지만 정보화 사회에서는 물리적 힘보다는 차분한 논리적 사고가 더 중요합니다. 이런 상황에서 여성은 남성과 비교해서 전혀 부족하지 않습니다. 여성을 남성에 비해 차별하는 것은, 남성 우월주의적 사고방식이 지배하던 산업 사회 이전의 사고방식에서 나온 것이라 할 수 있지요.

남녀 차별에서 더 나아가 성적 취향에 따른 차별 역시 문제라고 할 수 있습니다. 남자로 태어났으니, 당연히 여자를 좋아해야 하고, 여자는 마땅히 남자를 좋아해야 한다는 생각 말입니다. 이러한 생각은 남성과 여성을 뚜렷하게 구분하고 성별이 다른 사람만을 좋아해야 한다는 선입견에서 나온 것입니다. 서로 다른 성적 취향을 가졌다고 해서 그 사람이 잘못된 것은 아닙니다. 남성으로 태어낳아도 여성적인 성격을 가진 사람이 있을 수 있고, 생물학적으로 여성이라 하더라도 남성적 성격을 가진 사람이 있을 수 있습니다. 그런 점에서 동성을 좋아하는 사람들은 성적 취향이 다를 뿐이지, 잘못된 것이 아닙니다.

가난은 왜 대물림 되는가

중국의 현대철학자 강유위康有爲(1858~1927)는 《대동서大同書》에서 인간이 세상에서 겪는 고통의 근원은 인간들 스스로 만들어놓은 벽들 때문이라고 보았습니다. 우리가 쌓아놓은 벽들, 성별, 국가, 직업, 계급을 구별하는 생각들에서 벗어날 때 인류는 비로소 크게 하나가 되는 이상 사회를 이룩할 수 있다고 본 것입니다. 《대동서》에는 인류가 만들어놓은 벽을 아홉 가지로 분류합니다. 거기에는 국가, 인종, 남녀, 가족, 직업, 사람과 동물 등 다양한 차별들이 포함되어 있습니다.

강유위는 인간들이 전쟁을 벌이는 근본 원인은 '국가'가 있기 때문이라고 보았습니다. 내 나라와 다른 나라라는 구분이 있기 때문에 '전쟁'이라는 극단적인 선택을 한다는 것이지요. 그는 전쟁을 막기 위해선 국가 간의 차별을 해소하고, '유엔'과 같은 국가 연합을 구성하는 것이 최선이라고 생각했습니다. 강유위는 러시아가

다름을 배우고, 공감하기

동유럽을 통합하고, 브라질이 남미 국가들을 아우르고, 독일이 스칸디나비아반도와 유럽을 차지한다면 점차 국가들이 큰 단위로 통합될 수 있을 것이라 보았습니다. 그렇게 구성된 세계의회가 힘을 가지게 된다면, 각국이 마음대로 전쟁을 벌이는 일은 더 이상 일어나지 않겠지요. 국가와 국가가 서로 싸우지 않고, 다 같이 더 나은 세계를 만들기 위해 노력한다면 얼마나 좋을까요.

그가 꿈꾸었던 이상 사회에선 오늘날 세상에서 보는 것과 같은 가난한 사람과 부유한 사람 간의 차별이나 갈등도 존재하지 않았습니다. 오늘날 우리 사회는 생산 규모가 큰 기업만이 살아남을 수 있습니다. 중소기업이나 소규모 자영업은 대기업이나 다국적기업의 위협 속에서 생존하기가 어렵습니다. 상품의 유통 과정 또한 복잡해서 생산자는 제 값을 못 받고, 소비자는 비싸게 물건을 사야 합니다. 결국 이익은 유통을 장악하고 있는 자본가가 독차지하게 됩니다. 이런 구조 속에서는 돈 있는 사람이 더 많은 돈을 벌게 되고, 돈 없는 사람은 가난에서 헤어나오기가 어렵습니다. 오늘날 세상은 부자와 가난한 사람간의 갈등이 어떤 문제보다도 심각합니다.

이 갈등을 해소하기 위해선 어떻게 해야 할까요? 어떤 철학자들은 빈부격차의 근본 원인이 '가족'에 있다고 보기도 합니다. 인류 역사에 가족이 생겨난 것은 모두가 공동으로 소유하던 재산을 개인들이 나누어 갖게 되면서부터이기 때문이지요. '내 재산을 자식에게 물려줘야지'라는 이기적인 생각이 싹트면서부터 인류 공동체가 무너졌다는 것입니다. 물론 그것이 인간의 본성이고, 또 그런 경쟁심이 있었기 때문에 인류 역사가 이만큼 발전한 것이라는 시각도 있지만요.

가족 이기주의는 사회적으로 심각한 분열을 가져올 뿐만 아니라, 아이의 양육이나 교육에도 큰 차별을 낳는 원인입니다. 부잣집에서 태어난 아이는 좋은 교육을 받아 성공할 가능성이 높은 반면, 가난한 집의 아이는 공부에 온전히 집중하지 못하고 다른 일에 신경을 써야 하는 경우가 많습니다. 결국 부와 가난이 대물림 된다는 데에 문제의 심각성이 있습니다. 이러한 차별을 없애기 위해 가장 먼저 해야 할 일이 바로 교육의 차별을 없애는 것입니다. 가정 형편이 어떻든 간에 모두가 공평하게 교육 받을 수 있도록 사회체제가 바뀌고, 자신의 능력을 제대로 발휘할 수 있는 기회가 주어져야 합니다. 가난한 집안의 아이들도 대학 등록금을 걱정하지 않고 교육받을 수 있어야 합니다. 우리 사회에 이러한 변화를 가로막는 장애물이 무엇인지, 이를 바꾸기 위해선 무엇을 해야 할지 생각해 봅시다.

다름을 배우고, 공감하기

사람은 정말
만물의 영장일까?

흔히 인간을 만물의 영장이라고 합니다. 인간은 천지만물 중에서 가장 귀한 존재이니, 다른 동물을 억압하거나 먹이로 하는 것이 당연하다는 생각이 여기에서 나왔습니다. 그렇지만, 동물의 눈에도 인간이 만물의 영장으로 보일까요?

조선의 철학자 홍대용(1731~1783)은 《의산문답醫山問答》에서 인간이 천지의 살아 있는 것 가운데 가장 귀한 존재라는 주장에 다음과 같이 반박합니다. "사람의 눈으로 만물을 보면 사람은 귀하고 다른 존재는 천하다. 그렇지만 만물의 눈으로 사람을 보면 만물이 귀하고 사람이 천하다. 하늘의 관점에서 본다면 사람이나 만물이나 모두 평등하다."

봉황은 하늘 높이 날 수 있고, 소나무와 측백나무는 귀한 재목으로 쓰입니다. 이들을 사람과 비교한다면 누가 더 귀하고 누구를 천하다고 할 수 있겠습니까? 사람이 자신을 귀하게 여기고 동식물을 천하게 여기는 것은 모두 스스로를 높이고 다른 생물을 차별하는 자만심에서 비롯된 것입니다. 옛날 성인들의 지혜는 모두 동물이나 곤충들에게 배운 것들입니다. 임금과 신하의 예의는 벌들이 여왕벌을 받드는 데서 배웠고, 군대의 진법은 개미들이 싸우는 것을 보고 깨우친 것이며, 예의 법도는 다람쥐가 앞발을 모으고 있는 모양을 본뜬 것입니다. 그물을 치는 것은 거미에게서 배운 것이지요. 우리가 성인이라고 떠받드는 인물들은 동물이나 자연을 차별하지 않고 스승으로 삼은 사람들입니다. 그러므로 하늘의 눈으로 보면 사람과 동물은 모두 평등한 존재로, 사람을 만물의 영장이라고 생각하는 것은 문제가 있다고 할 수 있습니다.

헬레나 노르베리 호지Helena Norberg-Hodge(1946~)가 쓴《오래된 미래》는 인도 서북부 라다크 지역의 전통 문화를 소개한 책입니다. 라다크 인들은 춥고 건조한 날씨 때문에 육식을 할 수밖에 없지만, 그들이 동물을 대하는 태도는 우리와 많이 다릅니다. 라다크 인들은 육식을 해야만 하는 상황이라면 한 생명을 희생시켜 보다 많은 사람들이 고기를 먹을 수 있도록 큰 동물을 도살합니다. 그렇기 때문에 물고기와 같이 여러 생명을 죽여야만 배를 채울 수 있는 생물들은 음식에서 제외됩니다. 척박한 환경 때문에 어쩔 수 없이 다른 생명의 목숨을 빼앗아야 한다면, 최소한의 생명을 희생시키는 방안을 모색한 것입니다. 동물을 인간과 마찬가지로 귀한 생명을 가진 존재로 보는 이러한 시각과 소, 돼지 등 다른 생명을 단지 인간의 식욕을 만족시키는 음식으로만 보는 것은 큰 차이가 있습니다. 미국산 쇠고기 수입과 관련해서 일어났던 '촛불시위'나 구제역 사태 때 생매장을 당한 소나 돼지들을 생각해보세요. 우리 사회가 가지는 동물에 대한 생각과 태도를 깊이 반성할 필요가 있습니다. 동물이 인간의 필요에 따라 얼마든지 살해되고 또 버려질 수 있는

다름을 배우고, 공감하기

존재라고 보는 이러한 차별의식은 어디에서 생긴 것일까요? 인간의 관점에서 보면 인간이 만물의 영장인 듯 보이지만, 동물의 관점에서 보면 그들 또한 소중한 존재이며, 오히려 인간이 자연의 질서와 환경을 파괴하는 존재일 것입니다.

타인의 입장이 되어보기

동양의 대표적 스승인 공자에게 그의 제자 자공子貢(BC 520?~BC456?)이 다음과 같이 물었습니다. "선생님, 제가 일생 동안 그 말을 새기고 살아갈 만한 글자가 있습니까?" 공자는 잠깐의 망설임도 없이 대답했습니다. "그건 '서恕'일 것이다. 내가 하고 싶지 않은 일을 다른 사람에게 시키지 마라(己所不欲, 勿施於人)."

인간 사회에서 모든 사람들은 단 한순간도 다른 사람들과 떨어져 살 수 없습니다. 다른 사람을 대할 때, 그 사람의 마음을 헤아려 생각할 수 있다면 우리 사회의 갈등과 모순은 많이 해소될 것입니다. 내가 하고 싶은 일은 다른 사람들도 하고 싶을 것입니다. 마찬가지로 내가 하기 싫은 일은 다른 사람 역시 하고 싶지 않을 것입니다. 그러므로 나와 다른 사람을 구분 짓고 차별하는 마음을 버린다면, 우리가 사는 사회는 훨씬 밝아질 것입니다. 그러기 위해선 어떻게 해야 할까요? 무엇보다도 우선 나 자신의 뚜렷한 주관과 독립된 인격이 필요합니다. 이제껏 살아오면서 나도 모르게 형성된 '선입관'으로부터 독립된 '나'의 주체가 확립될 때, 비로소 다른 사람의 마음을 나의 감정으로 이해할 수 있는 능력이 생기기 때문입니다. 공감은 상대를 이해하고 그의 고통을 나의 아픔으로 느낄 수 있는 능력입니다. 그러한 마음만이 차별로 고통 받는 이 세상을 바꾸는 첫걸음이 될 것입니다.

다름을 배우고, 공감하기

푸른 눈, 갈색 눈

윌리엄 피터스 지음
김희경 옮김
한겨레출판, 2012

1960년대 말, 미국에서 인종문제가 중요한 이슈로 대두되던 시기, 제인 엘리어트 선생님이 초등학교 3학년 아이들을 대상으로 신체적 차이에 따른 차별을 경험하게 했던 유명한 실화에 얽힌 이야기를 담은 책이다. 차별이 낳는 깊은 상처를 공유하며, 다른 사람의 마음을 이해하게 되는 과정이 담겨 있어 감동적이다.

오래된 미래

헬레나 노르베리-
호지 지음
양희승 옮김
중앙북스, 2007

언어학자인 저자가 라다크 지역을 방문해 경험한 내용을 기록한 책이다. 히말라야 산기슭에서 전통을 지키며 살아가는 라다크 인들의 순수한 생활이 주는 교훈과 함께 서구 문명의 유입과 개발에 의해 파괴되어가는 인간성에 대해 생각하게 한다. 자기 자신에게 자부심을 느꼈던 그들이 서구인과 비교하면서 자신을 비하하게 되는 모습은 씁쓸하게 한다.

피터싱어가
들려주는
동물해방이야기

김익현 지음
자음과 모음, 2008

인간은 동물을 먹거리로 보거나 실험 도구로 본다. 피터싱어는 동물도 인간과 똑같이 생명을 가지고 있으며, 생명이 누려야 할 마땅한 권리를 가지고 있다고 주장한다. 그에 따르면 동물도 인간과 같은 감각 능력을 가지고 있고 동물에 따라 차이는 있지만 다양한 감정을 가지고 있다. 동물들도 슬퍼하고 기뻐하며 고통을 느낀다. 동물을 인간의 편의에 따라 차별하는 행위는 인간의 오만과 무지가 빚어낸 비극이다.

대동서

강유위 지음
이성애 옮김
을유문화사, 2006

중국 근대의 철학자인 강유위가 지은 책으로, 세상의 고통은 인간들이 만든 차별의 벽 때문에 발생한 것이라고 보았다. 《대동서》에서는 이 세상에 인류 스스로가 만들어 놓은 벽을 아홉 가지로 분류하고 있다. 여기에는 국가, 인종, 남녀, 가족, 직업, 사람과 동물 등 다양한 차별들이 포함되어 있다.

공감의 시대

제레미 리프킨 지음
이경남 옮김
민음사, 2010

공감 능력은 우리가 상대의 고통을 나의 아픔으로 느낄 수 있는 능력이다. 다른 사람의 마음을 이해하고, 내 안에서 '그들'을 느낄 수 있다면 세상엔 더 이상 차별의 고통은 없을 것이다. 이 책의 저자 제레미 리프킨은 우리가 다른 사람들과 공감할 수 있는 이유는 "그 사람의 부서지기 쉬운 유한한 본성과, 그 사람의 약점과 유일한 생명을 인정하기 때문"이라고 말한다.

논어

동양고전연구회 지음
지식산업사, 2005

동양의 대표적 고전으로 공자가 그의 제자들과 나눈 대화를 기록한 책이다. 공자는 인간이 지녀야 할 가장 중요한 덕목으로 '서恕', 즉 "내가 하고 싶지 않은 일을 다른 사람에게 시키지 마라"는 것을 들었다. 내가 다른 사람을 대할 때, 내 마음이 바라는 것이 곧 다른 사람도 원하는 것이고, 내가 하기 싫은 일은 다른 사람도 싫어한다는 사실을 염두에 둔다면, 우리 사회는 훨씬 나은 모습이 될 것이다.

다름을 배우고, 공감하기

국가 사용법

정대성

"

희미하게 들리는 심연의 물소리,

삶의 맥박을 들을 수 있는 청진기는

진지함과 깊은 사유입니다.

저희 외할머니는 밀양에 사세요. 그곳에서 농사를 지으시죠.
몇 년 전, 마을에 송전탑이 들어온다는 소식이 전해지면서,
할머니는 농사일보다 시위에 나가는 일에 더 바빠지셨습니다.
그리고 저는 이제 밀양 소식을 신문에서 더 자주 접하고 있고요.
경찰이나 국가에서 고용한 사람들이 어르신들을 대하는 모습에
충격을 받았습니다. 도대체 국가가 무엇이기에 사람들을 저렇게
힘으로 다룰 수 있는 것인가요? 국가가 저렇게 힘으로 다스려도
되는 것인지 의문이 들기도 하고, 또 국가가 국민 전체를 위해
하는 일을 주민들이 반대할 경우 국가는 어떻게 처신해야
하는지 궁금해졌습니다. 밀양 사태를 통해 국가의 존재 이유는
무엇이고, 국가가 왜 있어야 하는지 알고 싶어졌습니다.

국가의 탄생

오늘날 세계에는 200개가 넘는 국가가 있으며, 대부분의 사
람들은 어떤 국가에 속해 있습니다. 아마존의 어떤 원시부족들처
럼 국가 구성원으로 등록되지 않은 사람들도 있지만요. 그리고 우
리나라는 이중국적을 허용하지 않지만, 이스라엘과 같은 나라에서

국가 사용법

는 이중국적을 허용하기도 합니다. 많은 이스라엘 사람들은 이스라엘 국적만이 아니라 미국 국적도 가지고 있습니다. 그래서 미국 대통령 선거 때에는 이스라엘에도 투표소를 설치한다고 합니다. 또 현대사회에서는 직업이나 공부, 결혼, 정치적인 문제 등으로 국적을 바꾸는 사람들도 많이 있습니다. 국제적인 왕래가 빈번해지면서 이전에는 생각하지 못했던 국적을 바꾸는 일도 많이 생기는 것입니다. 그렇다면 국가란 무엇일까요? 왜 사람들은 국가를 이루며 살기도 하고 또 국적을 바꾸기도 하고, 이중국적을 갖기도 하는 것일까요?

세상에는 다양한 국가 형태가 있습니다. 영국, 일본과 같이 왕이 있는 국가가 있는가 하면 미국이나 우리나라처럼 대통령이 통치하는 나라도 있지요. 그리고 이란이나 중동의 나라들처럼 종교와 국가가 엄격하게 분리되지 않아 국가의 일에 종교가 깊이 개입하는 나라도 있고 전혀 종교를 문제 삼지 않는 나라도 있습니다. 어떤 나라가 바람직할까요? 대부분의 나라가 개인의 자유와 평등을 존중하는 민주주의를 국가의 체제로 삼지만 다 같지는 않습니다. 미국과 같이 자유민주주의를 추구하는 나라들이 있는가 하면 북유럽 국가들처럼 사회민주주의를 추구하는 나라들, 또 중국과 같이 인민민주주의를 추구하는 나라들도 있습니다. 모두 민주주의를 국가 이념으로 삼지만 조금씩 다른 형태를 취합니다. 그 이유는 무엇일까요? 아마도 이는 '어떤 국가가 이상적인 국가인가?'하는 문제와 관련이 있을 것입니다. 모든 정치 형태는 나름대로 장단점이 있기 때문에 장점만을 아우르는 완벽하게 이상적인 정치 형태를 상상하기는 쉽지 않습니다. 그래서 여기서는 이상적 국가가 아니라 유럽에서 형성되어 오늘날 대부분의 문명국가에서 받아들이는 국가의 상을 살펴볼 것입니다. 그 전에 먼저 국가가 어떻게 만들어졌는지 살펴보아야 합니다.

대한민국이 역사적으로 어떻게 만들어졌는지를 아는 것은 중요합니다. 1948년 제헌의회가 헌법을 처음으로 공포함으로써 대한민국은 정식으로 출범하게 되었습니다. 이러한 문제는 주로 역사학자들이 다룹니다. 그러나 역사학자들은 국가의 생성, 진행, 소멸의 과정을 다루지만 국가가 어떠해야 하는지를 다루지는 않습니다. 오히려 그 문제는 주로 철학자들이 다루지요. 즉 철학자들이 국가가 어떻게 만들어졌는지 묻는 것은 국가가 어떠해야 하는지의 문제와 밀접하게 관련이 있습니다.

그렇다면 국가는 어떻게 만들어졌을까요? 이를 설명하기 위해 국가가 없는 상태를 생각해봅시다. 지켜야 할 법도 규칙도 없었던 정글이나 광야에서 살던 사람들은 어떠했을까요? 국가가 만들어지기 이전의 상태를 흔히들 '자연 상태'라고 합니다. 자연 상태에서 사람들은 모두 자유롭고 평등했을까요, 아니면 그 반대였을까요? 홉스Thomas Hobbes(1588~1679)라는 철학자는 자연 상태에서 모두가 자유롭고 평등했다고 말합니다. 지켜야 할 법이 없기 때문에 자

국가 사용법

기가 하고 싶은 것을 모두 할 수 있어서 자유롭고, 육체적 힘에서는 약간의 차이가 있을 수 있지만 여전히 꾀를 내어 상대를 제압할 수 있어서 서로 평등하다는 것입니다. 하지만 자연 상태에서는 언제 상대가 공격해올지 모르는 불안함이 삶을 지배했다고 합니다. 모든 사람들이 언제나 싸울 준비를 하고 있어야 하는 불안한 삶의 상태를 홉스는 '만인에 대한 만인의 투쟁'이라고 말합니다. 그래서 사람들은 불안하지 않고 평화롭게 살 수 있는 방법을 생각했을 겁니다. 우리가 잠을 잘 때 누군가가 나에게 해를 입힐지도 모른다고 생각해보세요. 불안하게 사는 것보다는 차라리 자유가 없더라도 좀 더 안전한 삶을 살고 싶지 않을까요? 사람들은 자신의 안전을 보장해줄 무엇인가가 필요했습니다. 그래서 생겨난 것이 바로 국가입니다. 사람들은 자신의 자유 중에 일부분을 국가에게 넘겨주고 대신 안전을 보장받는 계약을 합니다. 일종의 약속이지요. 그런데 약속이 지켜지려면 약속을 어기는 사람을 다스릴 수 있는 힘이 있어야 했습니다. 그래서 국가는 이를 위한 권력을 가지게 됩니다.

지금까지 국가가 어떻게 생겨났는지를 살펴보았는데, 이 설명은 역사적인 것이 아니라 생각을 통해 한 번 구상해본 것입니다. 이것을 '사유 실험에 의한 설명'이라고 합니다. 사유 실험이란 인간의 이성이 그럴듯하게 한번 생각해본 것이라는 의미를 가지는데, 좀 어려운 표현으로 하자면 '이성의 이념'이라고 합니다. 이성이 아이디어(이념)를 한번 제시해봤다는 것이지요.

　　　　　　　　　　　　　　　　　　　　국가

자유와 평등을 탈환하라!

홉스는 현대적인 국가에 대해 생각한 최초의 철학자라 할 수 있습니다. 인간과 국가에 대한 그의 생각은 현대에 국가가 어떤 역할을 해야 하는지 생각하게 합니다. 비록 국가가 우리의 자유를 제한한다지만 사람은 본래 자유롭고 평등하다는 것을 말해주고 있으니까요. 그의 자유와 평등사상은 이후 철학자들에게 많은 영향을 줍니다. 예를 들어 철학자 루소Jean-Jacques Rousseau(1712~1778)는 그의 생각을 더욱 발전시켜 국가가 개인의 자유를 제약하는 것이 아니라 오히려 실현시킨다고 말하기까지 합니다. 그에 의하면 법이란 우리의 자유를 제약하는 것이 아니라 지켜야 할 규칙을 국민 스스로 만든다는 점에서, 즉 자신이 지킬 것을 자신이 만든다는 점에서 자유의 실현이라고 합니다. 그래서 법은 곧 권리이기도 합니다.

오늘날 우리는 '인간은 자유롭고 평등하다'고 자연스럽게 갈하지만, 그 시대만 하더라도 그것은 자연스런 생각이 아니었습니다. 사람들은 어떤 가문이나 지역에서 출생했는지에 따라서 왕족이나 귀족이 되기도 하고 노예나 종이 되기도 했지요. 이 시절 유럽인들의 이름이 어떻게 지어졌는지 살펴볼까요? 유럽 귀족들의 이름은 출신 지역을 나타내는 경우가 많았고, 평민의 이름은 직업을 의미하는 경우가 많았습니다. 귀족들은 특정한 지역을 모두 관할하고, 그 지역 안의 평민들은 이름 없이 그저 자기에게 할당된 직업인으로 살아갔다는 얘기지요. 우리가 알고 있는 괴테라는 문호의 전체 이름은 요한 볼프강 폰 괴테Johann Wolfgang von Goethe인데요. 괴테 지역의 요한 볼프강이라는 의미입니다. 괴테라는 지명이 곧 그의 이름인 것이지요. 그렇다면 평민의 이름은 어땠을까요? '슈미트'라는 이름을 들어본 적이 있을 겁니다. 슈미트는 그 지역의 대장장이를 부르는 말이었습니다. "헬로, 슈미트!"라고 하면 "이봐, 대장장이!"를 의미하는 것이었지요. 슈미트(영어권에서는 스미스)라는 이름은 유럽 전역에 아주 많은데요. 그들은 서로 가족이 아니라 자신이 속한 영지의 직업을 의미했습니다. 이에 반해 괴테라는 이름은 거의 없다는 것을 알 수 있습니다. 그 귀족 가문의 후손에게만 주어졌으니까요. 당시에 이름은 귀족에게만 있었고, 평민에게는 직업이 곧 이름을 대신했습니다. 그리고 그 이름은 대대로 이어졌습니다. 이처럼 태어나면서부터 신분이 굳어진 사회를 신분제사회라고 합니다.

홉스의 아이디어에 등장하는 평등사상은 노예가 귀족과 평등하다는 생각으로, 당시로서는 아주 위험한 생각이었습니다. 괴테나 슈미트나 모두 똑같다는 것을 암시하고 있었으니까요. 그러니 사회질서와 국가를 전복시키려는 위험한 발상으로 여겨지지 않았을까요? 고대 아테네 사회에 살았던 위대한 철학자인 아리스토텔레스도 노예가 없는 사회를 상상하지 못했습니다. 노예가 없으면 가사 일이나 궂은일은 누가 하느냐고까지 했지요. 우리나라도 조선

시대까지는 그런 신분제 사회였고, 홉스가 살던 그 시대 역시 신분제 사회였습니다. 당연히 왕족과 귀족은 홉스를 미워했습니다. 현대 국가는 혈통과 출신 지역을 출세를 위한 수단으로 결코 허용하지 않습니다. 홉스의 아이디어에 그런 생각이 최초로 싹트고 있었습니다. 홉스 자신은 몰랐지만요.

그런데 이런 봉건적 사유, 전근대적 사유가 21세기의 국가인 우리나라에서 아주 자주 나타납니다. 자기가 어느 지역에서 태어났는지, 얼마나 부유하고 권력이 있는 집안에서 태어났는지에 따라 그의 인생이 아주 많이 결정되니까요. 우리나라도 현대 국가를 지향하고 있는데, 대통령만 바뀌면 그 지역 출신들이 덩달아 득세를 하는 모습을 볼 수 있습니다. 대통령의 동향, 동교 출신의 인사들이 권력을 휘두르는 모습도 자주 보입니다. 대통령과 같은 고향 출신인 지역 공무원들이 막강한 권력을 휘둘러서 문제가 되기도 했습니다.

우리들 중 누구도 자신이 어떤 집에서 태어나겠다고 선택하지 않았습니다. 나는 내가 선택하지 않은 가난한 집에서 우연히 출생했는데, 그것이 나의 성공과 출세에 결정적으로 나쁜 영향을 미친다면 이것은 분명 현대 국가의 이상과 맞지 않습니다. 비싼 아파트 단지에 사는 사람들이 이웃의 가난한 사람들이 출입하지 못하도록 철조망을 쳤다는 뉴스를 들어본 적이 있을 겁니다. 이럴 때 국가는 어떻게 해야 할까요? 사람들은 자신의 부와 신분을 뽐내고자 하는 경향이 있지만, 현대 국가는 인간의 그런 원시적 욕망을 제어할 수 있어야 합니다. 오늘날 많은 국가가 빈부의 차이로 잘살 기회를 갖지 못하는 일이 없도록 여러 노력을 기울이는 이유는 바로 거기에 있습니다. 예를 들어 가난 때문에 교육을 받지 못하는 일이 생기지 않도록 최소한의 교육비를 제공하고 일정기간 무상교육을 실시하기도 합니다. 또 이를 의무교육으로 정하기도 하지요. 사람으로서 누려야 할 최소한의 권리를 보장하려는 것입니다. 바로 이러한 일을 현대에서는 국가가 해야 할 중요한 일로 삼지요.

국가의 존재 이유

오늘날 국가는 단순히 생존의 차원만이 아니라 우리가 존엄하게 살 수 있는 권리도 보장해야 합니다. 구성원이 국가를 위해 있는 것이 아니라 국가가 구성원을 위해 있는 것이라는 이야기이죠. 그런데 그동안 우리는 국가가 없으면 나도 없다는 생각, 즉 국가가 먼저 있고 그 다음에 내가 있다는 생각을 많이 해왔습니다. 이러한 생각을 '유기체적 국가관', '전체주의적 국가관'이라 합니다. 유기체란 생명이 있는 것들이 서로 연관되어 전체를 이룬다는 것입니다. 손, 발, 눈, 코, 입, 심장 등이 그 자체만으로는 기능을 발휘할 수 없듯이 유기체적 국가관이란 국가와 개인의 관계를 유기체적 입장에서 보려는 것입니다.

그러나 홉스는 국가보다 그 구성원들의 생존을 더 우선시합니다. 국가의 목적은 개인의 생존을 보장하는 데 있지요. 국가가 강력한 힘을 가진 이유 역시 개인들이 생존할 수 있는 질서를 확보하기 위해서이지 국가를 위한 것은 아닙니다. 구성원의 생명을 보장하지 못하는 국가가 무슨 의미가 있을까요? 개인의 권리를 보장하지 못하는 국가가 무슨 의미가 있을까요?

사람은 누구나 태어날 때부터 자신만이 가지는 '천부적인 인권'이 있습니다. 그래서 존귀하고 존엄하게 살아갈 권리가 있지요. 아무리 국가라 하더라도 국가가 개입할 수 없는 개인의 자유로운 영역이 많이 있다는 것입니다. 재산에 대한 침해 금지, 인격적으로 대우받을 권리 등과 같은 것이지요.

국가는 그 구성원들에게 최소한의 생존을 보장해야 할 뿐만 아니라 사람들이 존엄성을 가지고 살아갈 수 있도록 해야 합니다. 그래서 살아가는 데 필요한 안정적인 직업이나 교육 등을 제공할 수 있어야 합니다. 돈이 없어 굶어 죽는 일이 생기게 해서도 안 되지요. 과거에는 일자리가 없으면 개인의 능력문제로 여겼지만 지금은 국가에게도 책임이 있다고 생각합니다. 일자리가 없는 것은 단순히 개인의 문제가 아니라 국가의 문제이기도 하다는 이야기이지요. 그래서 국가는 실업을 없애기 위해 많은 노력을 해야 하며, 지나친 경쟁으로 인하여 사람들이 힘들어 하지는 않는지 살펴야 합

　　　　　　　　　　　　　　　　국가 사용법

니다. 기업들은 돈을 조금이라도 많이 벌기 위해 사원들을 경쟁하도록 만들지만 국가는 그 일이 사람을 존엄하게 살지 못하게 하는 것은 아닌지 지켜보아야 합니다.

폭력 vs 폭력, 폭력 vs 법

현대 국가에서 개인은 절대로 폭력을 행사해서는 안 됩니다. 이것도 홉스의 아이디어에 뿌리를 두고 있지요. 자연 상태에서 사람들이 폭력을 휘두른다고 죄가 될까요? 거기서는 법이 없기 때문에 어떠한 행위도 죄라고 말할 수 없었습니다. 사자가 토끼를 잡아먹는 것을 죄라고 하지 않듯이 말입니다. 약육강식과 적자생존은 자연스런 일이고 자연법칙에 속합니다. 법이 있는 곳에 비로소 죄가 발생합니다. 사람들이 국가를 결성한 이유는 다른 사람들로부터 폭력을 막기 위해서였습니다. 국가가 결성된 이후에는 폭력을 사용할 자유를 모두 국가에 위임했기에, 개인들은 어떤 문제가 발생했을 때 절대 폭력으로 대응해서는 안 됩니다. 억울한 일이 있을 때는 반드시 국가를 거쳐서 해결해야 하는 것이지요. 사적인 형벌, 즉 사형私刑(개인적인 형벌이나 복수)은 오늘날 엄격하게 금지됩니다. 오늘날 유럽에서 물리적 폭력은 아주 심한 죄로 여겨집니다. 우리나라에서는 '아이들이 크다보면 그럴 수도 있지'라고 하면서 폭력에 대해 관대한 태도를 보이는데, 유럽과 비교해보면 정말 큰 차이가 있습니다. 어릴 때의 사소한 폭력을 묵인하다 보면 커서도 모든 문제를 폭력으로 해결하려는 생각을 하기 쉽습니다.

큰 기업의 회장 아들이 폭행을 당한 일이 있습니다. 그런데 이를 전해들은 회장은 사람들을 데려가서 앙갚음을 했어요. 회장 아들이 폭행을 당한 것도 문제였지만, 그것을 해결하는 방법이 개인의 사조직을 동원한 폭력이었다는 점이 더 큰 문제였습니다. 이 일로 회장은 많은 어려움을 겪었습니다.

또한 한 대학의 교수는 초등학생인 자기 딸이 같은 반 남자아이로부터 문자로 욕설과 협박을 받은 것을 보고 격분했습니다. 교수는 학교에 찾아가 남자아이의 배를 발로 차 버렸습니다. 아빠의 마음을 모르는 바가 아니지만 개인적으로 문제를 해결한다면 국가가 필요하지 않겠지요. 그러면 사회는 어떻게 될까요? 힘없고 가난한 사람들은 자신의 문제를 어떻게 해결해야 하나요?

국가가 공정하게 문제를 해결하지 않는다면 사람들은 개인적으로 문제를 해결하려 들겠지요. 또 국가가 돈이나 권력이 많은 사람들 편에서 일한다면 억울한 사람들이 많아질 것입니다. 그래서 국가가 공정하게 권력을 행사하도록 법으로 정하는 것입니다. 그렇지 않으면 국가의 권력이 폭력이 될 수도 있으니까요. 어떤 경우라도 폭력은 사람을 행복하게 하지 않습니다. 그런데 폭력과는 거리

국가 사용법

가 멀어야 할 가정이나 학교에서도 폭력이 발생하는 것에 대해 한 번 생각해봅시다. 우리는 너무 폭력에 관대한 것은 아닐까요? 국가의 솜방망이 법집행에도 문제가 있는 건 아닌지 살펴봐야 할 것입니다.

국가의 공권력 사용법

국가의 권력은 약한 개인들을 보호하기 위해서 존재합니다. 국가는 개인들의 안전을 지키기 위해 권력을 독점한 것이기 때문에 개인들 간에 생긴 많은 문제를 국가가 나서서 해결해야 합니다. 그러기에 정당하고 공정하게 권력을 사용해야겠지요. 이를 위해 국가는 합법적인 힘인 공권력을 행사할 수 있는 것입니다. 하지만 그렇지 못할 때도 있습니다. 어느 때 그럴까요? 만약에 국가가 권력을 남용하면 어떤 일이 생기나요? 국가의 권력 집중은 자칫하면 개인들의 자유와 안녕을 침해할 수 있습니다. 특히 전체의 이익이라는 명목하에 개인의 행복을 홀대하기 쉽습니다. 예를 들어 뉴타운 건설은 많은 문제를 안고 있습니다. 기존의 마을을 모두 허물고 새로운 마을을 만들면서 원하지 않은 사람들에게도 주민 전체의 이름으로 강제하고 있으며, 국가는 그런 사업시행을 독려하고 있습니다. 이를 반대하는 주민들을 오히려 국가가 나서서 공권력으로 저

지하는 일들이 지금도 일어납니다. 국가는 아주 조심해서 공권력을 사용해야 하는데요. 공권력을 남용한 것이지요.

　권력은 어떤 일을 할 수 있는 힘이죠. 예를 들면 "세금을 더 걷어야 해"라고 어떤 노동자가 말하는 것과 대통령이 말하는 것에는 큰 차이가 있습니다. 대통령의 말은 실제로 그렇게 할 힘을 가지기 때문이지요. 그래서 우리는 대통령을 권력자라고 말합니다. 현대 국가는 권력자가 권력을 남용하는 것을 방지하기 위해 권력을 분산시키기 위한 제도를 만들고 있습니다. 입법부(국회), 사법부(법원), 행정부(정부)로 권력기관을 나누는 이유가 바로 여기에 있지요. 과거 왕이나 황제는 스스로 법을 정하고 집행하고 판단하는 엄청난 권한을 가졌어요. 프랑스의 황제였던 루이14세는 "짐이 곧 국가다"라고 말하기까지 했으니까요. 하지만 오늘날은 권력이 남용되는 것을 막기 위해 입법부에서 법을 만들고, 행정부에서 법을 집행하며, 사법부에서는 법이 잘 집행되는지 판단하며 서로 견제하고 있지요. 국가라 해도 사람의 기본권인 인권을 침해해선 안 되기 때문입니다. 기본권이란 인간으로서 가져야 하는 가장 근본적인 권리, 그래서 국가가 가장 기본적으로 보장해야 하는 권리를 말합니다. 차별을 금지하는 평등권이나 최소한의 인간다운 생활을 보장하는 사회권, 그리고 누구나 성년이 되면 투표에 참여할 수 있는 참정권, 남에게 폐를 끼치지 않는 한 개인이 국가로부터 간섭을 받지 않을 권리인 자유권 등이 그런 것입니다. 기본권은 어떤 경우에도 비인간적인 처우를 받지 않아야 한다는 것을 선언합니다. 그래서 아주 파렴치하고 무서운 범죄자라 하더라도 고문을 하거나, 직접 몸을 때리는 체벌을 금지하는 것이지요. 범죄자에게도 인권이 있기 때문이지요. 그리고 권력은 언제나 법의 테두리 안에서만 사용해야 합니다.

이러한 노력에도 불구하고 권력남용으로 인한 문제는 항상 있지요. 권력을 나눴지만 권력을 가진 자들이 서로 모의해서 남용할 수 있기 때문입니다. 그래서 국가의 구성원들은 언론(신문, 방송)·출판의 자유와, 집회·결사(노동조합의 결성)의 자유를 보장할 것을 요구합니다. 국민이 국가의 권력남용을 직접 감시하고 통제할 수 있기 위해서이죠.

언론의 가장 중요한 임무는 권력기관이 권력을 남용하는지 감시하는 일입니다. 언론이 국가권력을 감시하지 않고 국가권력의 비위를 맞추거나 국가권력과 하나가 되어 또 다른 권력기구가 되어서는 안 되겠지요. 그러므로 언론은 권력과 거리를 두고, 감시하고 고발해야 하는 사명을 잊어서는 안 됩니다. 현대 국가에서 언론의 역할은 입법부(국회), 사법부(법원), 행정부(정부)와 더불어 제 4부서라고 부를 만큼 매우 중요하기 때문입니다.

또한 출판을 통해 자신의 생각을 자유롭게 표현할 수 있어야 하고, 자신의 생각을 집단적으로 표현할 수 있는 집회와 시위를 할 수 있는 권리, 그리고 노동자들이 조합을 결성할 수 있는 권리 역시도 보장되어야 합니다. 이를 각각 출판의 자유, 집회와 결사의 자유, 단결권이라고 부릅니다. 우리나라도 헌법상으로 이러한 권리들을 보장하고 있지만 잘 지켜지지 않을 때도 있습니다. 물론, 이러한 권리를 행사하는 과정에서 대중교통을 이용하지 못하는 등 피해를 보는 사람들도 있을 것입니다. 철도 노조가 파업을 하면 전철의 운행횟수가 줄어들기도 하고, 택배 노조가 파업을 하면 배달한 물건이 제날짜에 오지 않기도 하니까요. 그렇지만 그보다 더 큰 피해는 권력이 남용될 때라는 것을 우리는 알아야겠지요. 택배기사나 전철을 운행하는 기관사 분들이 일한 만큼 정당한 보상을 받고 무리한 야근을 하지 않을 때, 그래서 누군가가 이들의 땀방울로 부당한 이익을 취하지 않을 때, 함께 사는 우리 사회가 더 건강해질 것이기 때문입니다. 건강한 사회는 자신의 정당한 권리를 말할 수 있는 사회입니다. 그리고 국가는 이러한 권리를 행사할 수 있도록 도와주어야 합니다.

10대와 만나는 정치와 민주주의

고성국 지음
철수와영희, 2011

만약 이 세상에서 혼자만 살고 있다거나 모두가 똑같은 사람이라면 정치란 필요 없을 수도 있다. 그래서 정치는 사람과 사람 사이를 잇는 다리 같은 존재라고 저자는 말한다. 이 책은 청소년들이 꼭 알아야 할 정치와 민주주의에 대한 주요 개념들을 만화로 풀어썼다. 정치가 무엇이며, 왜 필요한지, 정치에는 어떤 역사가 있는지, 좋은 정치와 나쁜 정치는 무엇인지 등 누구나 안다고 여기지만 실제로는 잘 모르는 내용들이 두루 담겨 있다.

청소년을 위한 이야기 정치학

페르난도 사바테르 지음
안성찬 옮김
웅진지식하우스, 2006

스페인의 정치철학 교수인 사바테르가 자유로운 시민을 위한 비판적 사고의 고양을 위해 저술한 책이다. 사회와 국가의 성립, 민주주의의 발전, 전쟁과 평화 등 정치학의 주요한 주제들을 신화, 역사, 문학 등의 다양한 사례들을 바탕으로 설명해준다. 이 과정을 따라가다 보면 인간과 사회가 무엇이며, 공동체와 사회 안에서 함께 살아간다는 것이 무엇인지 자연스럽게 이해하게 될 것이다.

민주주의란 무엇인가

제임스 렉서 지음
김영희 옮김
행성B온다, 2011

민주주의에 대한 최소한의 상식과 교양을 전하는 책이다. 한번도 민주주의의 가치에 대해 생각해본 적이 없다면, 이 책을 읽어보길 권한다. 민주주의의 기본 상식과 핵심 개념, 민주주의의 역사, 오늘날 다양한 민주주의 개념들을 누구나 쉽게 이해할 수 있게 서술하고 있다. 특히 민주주의는 경제적 생활 수준이 높아진다고 저절로 이뤄지는 것이 아니라 엄청난 투쟁을 통해 얻어진 것이고 또 지키기도 쉽지 않다는 것을 역설한다.

함께 읽으면 좋은 책

정의란 무엇인가?

마이클 샌델 지음
이창신 옮김
김영사, 2010

정의에 대한 목마름을 가지고 있는 우리나라 사람들에게 단비와도 같은 책으로 많은 사람들에게 읽혀왔다. 현대에 정의를 바라보는 세 가지 관점과, 이를 실현하기 위한 다양한 사조들을 소개하고, 자신의 입장에서 정의는 어떠해야 하는지 말하고 있다. 자유, 행복, 연대와 같은 개념이 정의와 연관에서 어떤 위치를 차지하는지 잘 보여준다.

민주주의란 무엇인가

고병권 지음
그린비, 2011

민주주의에 대한 상식적인 생각에 도전하는 책이다. 민중의 지배, 국민의 지배라는 민주주의 이념이 다수결의 원리로 나아가는 과정에서 어떻게 왜곡되는지 살피기 위해 유명한 정치 철학자들의 생각을 다시 읽는다. 민주주의를 다수결의 원리 때문에 비판했던 플라톤에서부터 국민의 지배가 무엇인지 새롭게 의미를 선보인 루소, 토크빌까지. 민주주의를 새로운 시각에서 독해한다.

사회민주주의의 기초

토비아스 곰베르트 지음
한상익 옮김
한울, 2012

민주주의는 다양한 형태를 갖는데, 그중 북유럽의 현대 국가 형성에 결정적으로 기여한 사회민주주의의 기본적인 생각과 가치를 보여준다. 국가는 그 구성원들 중 약자에 대한 보호를 가장 중요한 정책으로 실행해야 한다고 하는데, 그것이 인간 존엄에 대한 보편적 존경과 국가의 건전한 발전에 가장 중요하다고 보기 때문이다. 국가 주도의 체계화된 복지제도는 사회민주주의의 구체적 형태로 간주된다.

경제

돈이란
무엇인가?

이동용

"

경제를 이해한다는 것은

자신의 삶을 위한

또 하나의 기둥을 세우는 것이다.

저희 집은 형편이 그렇게 넉넉한 편은 아닙니다. 그래서 가지고 싶은 물건이 생길 때마다 부모님과 실랑이를 하지요. 경제적으로 풍족하지 않다고 해서 우리 가족이 불행하게 사는 건 아니지만요. 돈이 없어서 사고 싶은 것을 못 살 때는 '돈이 있어야 행복한 게 아닐까?'라는 생각이 절로 듭니다. '정령 이 땅에선 돈의 많고 적음이 행복을 결정해버리는 게 아닐까?'라는 생각도 들고요. 돈을 많이 버는 직업을 가져야 행복하게 살 수 있는 것일까요? 돈이 대체 뭐기에, 이렇게 우리 삶을 들었다 놨다 하는 것인지 모르겠어요.

돈의 노예가 된 사람들

몰리에르Molière(Jean Baptiste Poquelin, 1622~1673)의 〈수전노〉라는 작품이 있습니다. 이 연극은 17세기 중엽 파리 시민사회를 풍자적으로 보여주는 작품입니다. 탐욕스러운 고리대금업자인 아르파공을 통해 돈이 얼마나 사람을 비인간적으로 만드는지 그려내고 있지요. 주인공은 돈을 도둑맞을까봐 땅에 묻어둡니다. 그러다 나

돈이란 무엇인가?

중에 그 돈을 찾지 못해 안절부절 못하는 모습은 극장을 웃음 도가니로 만들지요. 딸의 결혼식 장면도 얼마나 웃긴지 모릅니다. 돈이 아까워 초대 손님을 줄이고 줄이는 모습은 그 당시 시민들이 얼마나 돈에 집착하고 있는지를 보여주지요.

이 작품의 제목이기도 한 '수전노'라는 말은 돈을 지키는 노예라는 뜻입니다. 돈에 노예가 된 사람! 오래전 진짜 노예제도가 있던 시절에는 주인에게 복종하면 되었습니다. 하지만 요즈음 시대에는 돈에 복종하며 사는 사람이 많아졌습니다. 과거의 노예들은 태어나면서부터 노예일 수밖에 없었지만, 오늘날 돈의 노예가 된 사람들은 스스로가 노예가 되어버린 어리석은 사람들입니다. 과거의 노예들이 '주인이 어떻게 생각할까?'라는 조바심에 불안한 나날을 보냈다면, 오늘날 돈의 노예들은 돈만 생각하고 돈에만 집착하며 돈 외에는 그 어느 것에도 관심을 갖지 않는 것이지요.

돈이 많으면 행복할까

많은 사람들이 부자가 되기를 원합니다. 돈이 많아야 행복하다고 생각합니다. 행복의 기준이 어느새 돈이 되어버린 것입니다. 요즈음에는 초등학생들도 연봉이란 단어를 알고 있습니다. 1년에 얼마를 버는지 궁금해 한다는 것이겠지요. 돈을 얼마나 버는가?

경제

이 질문으로 한 사람의 인생을 평가하기도 합니다. 그러면서 돈이 없으면 불행하다고 말합니다. 하지만 여기서 심각한 사회문제가 생겨납니다. 돈만 있으면 모든 것이 가능하다는 생각은 다른 모든 가치들을 무시하게 합니다. 이러한 태도는 인간성마저 파괴합니다. 돈 때문에 부모를 죽이고 형제를 죽여, 온 집안이 피로 물드는 뉴스를 접하게 되면 참으로 가슴이 아픕니다.

물론 돈이 중요하지 않다는 얘기는 아닙니다. 그리고 돈과 행복은 긴밀한 관계를 맺고 있는 것도 사실입니다. 하지만 도대체 얼마나 가져야 행복할까요? 만약 상위 1%만 돈을 많이 그리고 충분히 가진 집단이라면, 나머지 99%는 불행하다는 얘기일까요? 돈을 비교적 적게 가진 사람들은 정말 비관적인 삶을 살아가고 있는 것일까요? 돈이 없으면 정말 불쌍한 인생일까요?

그러나 생각해보면 돈이 충분함에도 불구하고 수많은 사람들은 좌절하고 실망하며 힘들게 살아가고 있어요. 과연 무엇이 문제일까요? 집안의 부모님들을 한번 관찰해보세요. 우리 부모님들은 과연 돈이 충분한지, 우리 가정은 넉넉한 편인지를 말이에요. 예상하건대, 거의 모든 가정은 넉넉치 않은 형편에 힘들게 살아가고 있을 거예요. 이런 상황에서 우리가 할 수 있는 것은 과연 무엇일까요?

돈이 행복의 잣대가 되어버린 오늘날, 우리는 어떤 생각으로 살아야 할까요? 돈을 버는 데 온 인생을 바쳐야 할까요? 돈만 생각하며 살기엔 인생이 너무나도 아깝다는 생각이 들지 않나요? 인

돈이란 무엇인가?

생의 여유는 과연 돈의 많고 적음에 달려 있는 것일까요? 이런 질문에 대답을 하기 위해 우리는 우선 돈에 대해 알아야겠지요. 알아야 제대로 벌고 또 제대로 쓸 테니까요. 그것을 모르면 돈은 여러분을 파멸의 길로 이끄는 가장 위험한 것이 될 거예요. 돈을 제대로 알지 못하고 또 돈을 제대로 쓸 줄 모르면 인생 자체가 엉망진창이 되고 말 테니까요. 어쩌면 돈을 버는 법과 쓰는 법을 배우는 것이 우리가 살아가면서 배워야 할 것 중 가장 중요한 일이 아닐까요?

또 명심해야 할 것이 하나 있습니다. 지금 여러분의 가정이 가난하다고 느끼는 그 감정에 대해서 깊은 반성을 해야 한다는 것입니다. 왜냐하면 그런 감정은 불만을 낳기 때문입니다. "나는 왜 이런 가정에서 태어났지?"라는 질문은 결국 부모님을 원망하게 만듭니다. 자신의 부모님들을 한번 관찰해보세요. 어쩌면 매일 힘들게 일을 해서 돈을 벌어오고, 그 돈으로 열심히 가정을 꾸려나가고 있을 겁니다. 가난은 능력이나 성실성의 부족의 결과가 아닐 수도 있습니다. 부가 세습되고 동시에 가난이 대물림되면서 그 격차가 커지는 양극화의 심화가 문제인 것이지요. 이것은 자본주의사회가 반드시 풀어야 할 문제입니다.

경제

돈이 근본인 사회,
자본주의의 탄생

역사가들은 19세기를 '긴 19세기'라고 부릅니다. 프랑스혁명이 일어나던 1789년부터 제1차 세계대전이 끝나던 1918년까지를 19세기라 부르기 때문입니다. 19세기는 귀족과 시민 사이의 갈등으로 특징 지워집니다. 귀족이라는 특권층에 재산이 편중되어 있던 시절이지요. 이러한 사회구조에 불만을 가진 시민들은 혁명을 통해 재산을 공평하게 나눠 갖기를 원했습니다.

프랑스혁명은 10년간 지속됐습니다. 그리고 20만 명이라는 귀족들이 무참하게 단두대에서 처형됐습니다. 그래도 귀족계급이 존속하는 사회구조는 완전히 깨지지 않았지요. 결국 1848년에 독일의 정치철학자인 맑스는 《공산당 선언Manifest der Kommunistischen Partei》이라는 책을 세상에 내놓으면서 노동자들의 규합을 부르짖었습니다. 더 큰 혁명을 요구했던 것이지요. 세상은 격동기를 겪게 되었습니다. 그러다가 세월이 흘러 제1차 세계대전이 일어나게 되었습니다. 제1차 세계대전과 함께 이제 귀족계급은 특권층이라는 아성을 포기하게 됩니다. 그때부터 누구나 열심히 노력하면 돈을 벌 수 있게 된 것입니다. 태어나면서부터 상속받은 재산으로 삶을 유지할 수 있었던 귀족은 이제 없어지고 말았습니다.

20세기는 모든 것을 돈으로 평가하는 자본주의가 중심인 시

돈이란 무엇인가?

대였습니다. 그리고 21세기가 시작되는 지금도 이런 사회구조는 변함이 없습니다. 자본주의사회에서는 자본의 논리만이 가치를 갖습니다. 땅도 돈이고, 물도 돈입니다. 눈에 보이지 않는 시간도 돈으로 인식됩니다. 그리고 지식도 돈입니다. 아이디어 하나로 많은 돈을 벌었다는 얘기도 들어보았을 것입니다.

예전엔 춤추는 사람을 '딴따라'라고 부르며 업신여겼습니다. 그러나 요즈음은 거의 모든 젊은이들이 아이돌 스타를 꿈꾸며 춤 연습을 하고 있습니다. 큰돈을 쥐게 해주기 때문입니다. 정책에서도 '창조경제'라는 말을 사용합니다. 창조란 없던 것을 만들어내는 것을 말합니다. 과거에는 돈으로 바꿀 수 없었던 것을 이제는 돈으로 바꿀 수 있는 것으로 만들어보자는 발상이지요. 한 곡의 노래로 수백억을 벌어들인 싸이의 〈강남스타일〉이 그 대표적인 예라고 생각하면 됩니다. 그 노래는 없다가 생겨난 것이니까요. 작사가가 노랫말을 만들고, 작곡가가 곡을 붙이면서 생겨난 것이지요. 작사가나 작곡가는 그저 자신의 재능과 지식을 사용했을 뿐이고요.

하지만 이러한 자본주의사회에는 치명적인 문제가 존재하고 있습니다. 돈과 돈의 가치로부터 자유롭지 못하다는 것입니다. 자본주의사회에서 개인은 결국 자본을 중심으로 돌아가는 경제의 틀 속에서 전체의 일원이 되고 맙니다. 그리고 보다 많은 자본을 가진 자가 더 많은 가치를 점유하기 때문에 새로운 계층이 생기게 마련입니다. 더 많이 가진 자의 계층이 기득권이 되고 마는 것이지

경제

요. 보다 적게 가진 자는 보다 많이 가진 자의 권리로부터 자유로울 수가 없습니다. 이러한 지배구조가 심화된다면 과거 귀족과 시민이 대립을 하던 시대와 별반 다를 바가 없는 사회가 되고 말 것입니다. 계급이 돈에 의해 결정된다는 것만 빼고는, 같은 구조를 띤 그런 사회 말입니다.

그래서 현대 독일 사회학의 창시자인 게오르그 짐멜Georg Simmel(1858~1918)은 현대사회의 문제점을 양적 개인과 양적 개체성이 질적 개인과 질적 개체성에 대해 우위를 점하는 것에서 찾았습니다. 이걸 조금 풀어서 설명해보면 이렇습니다. 현대의 개인은 자신의 특성과 개성, 그리고 유일성을 발전시키거나 보존하지 못하고, 점차 다른 개인과 별반 다를 바 없는, 누구와도 교체될 수 있는 존재가 되어버렸다는 것입니다. 양적으로 커지기만 한 집단적 개인성 속에서 개인은 진정한 개인으로 존재하지 못하고 있는 것입니다. 이러한 문제의식으로 인해 짐멜은 질적 개인주의를 정당화시키는 것을 현대사회가 인식해야 할 중요한 문화적 과제로 삼았습니다.

그렇다면 개인이 개인답지 못하게 변해가고만 있는 자본주의 사회를 보완할 수 있는 대안은 무엇일까요? 교환과 교역 자체는 문제가 없습니다. 그곳에 진정한 개인이 존재한다면 말입니다. 하지만 돈과 그 가치에 모든 삶을 집중시키는 것에 대해서는 문제가 있음을 분명히 알아두어야 합니다. 복지사회는 이러한 자본주의사회의 문제점을 보완하기 위한 하나의 대안일 수 있습니다. 복지사회의 이념은 자본주의 원리에서 주목받지 못했던 계층에 대해서도 인간적인 삶을 보장해주자는 데 있습니다. 경쟁 논리만 내세우며 위로만 향하던 시선을 아래로도 내려다보게 하는 것입니다. 인간 위에 인간이 존재해서는 안 된다는 말처럼 짓밟힌 자들의 삶에도 가치를 인정해주자는 것입니다.

빚 권하는 사회, 아폴로 신이 전하는 지혜

돈의 흐름을 따라 인류 역사를 거슬러 올라가다보면 고대 그리스신화 시대까지 올라가게 됩니다. 아폴로 신전에는 세 개의 문구가 적혀 있는데요. 첫째는 너 자신을 알라! 둘째는 절제하라! 셋째는 빚지지 말라!입니다. 세 번째 문장을 원문 그대로 번역하면, '빚이 있는 곳에 이미 손해가 있다'라고 합니다. 어쨌거나 빚을 지는 것은 자기 인생에 해롭다는 뜻이지요.

성경에서도 빚과 관련한 구절이 있답니다. 그것은 "피차 사랑의 빚 외에는 누구에게나 아무 빚도 지지 말라"(로마서 13:8)라는 것입니다. 우리는 이미 신의 사랑을 받고 있기 때문에, 그 사랑의 빚은 피할 수 없습니다. 하지만 그 외에 어떤 빚도 지지 말라는 것입니다. 신화적으로도 그렇고, 종교적으로도 마찬가지입니다. 빚은

경제

부정적입니다. 자신의 삶을 잘 살고 싶으면 빚을 지지 말아야 한다는 것입니다.

그런데 왜 굳이 빚을 지지 말라고 가르쳤을까요? 그것은 어쩌면 우리 모두가 쉽게 빚을 지고 살아가기 때문이 아닐까요? '빚은 습관이다'라는 말도 있습니다. 한 번 빚을 지면 습관적으로 계속 빚을 지게 된다는 것입니다. 빚을 지는 사람은 언제나 똑같은 말을 합니다. 돈이 없기 때문이라고요. 돈이 없어서! 그것이 이유라는 것입니다. 그러나 이것은 자기 삶을 경제적으로 살지 못했기 때문일 수도 있습니다.

여러분은 많은 친구들이 사 신는 신발을 보고, 비싼 돈을 주고 신발을 산 적이 있지 않나요? 때로는 어떤 물건의 상표가 부의 상징이 될 때도 있습니다. 그래서 명품 가방이나 비싼 외제 운동화를 사기도 하지요. 아르바이트를 해서 어렵게 돈을 벌어 사기도 하고요. 부모님에게 울며불며 무리하게 요구해서 사기도 합니다. 자신이 원하는 것을 가지기 위해 수단과 방법을 가리지 않거나 모든 것을 희생해서라도 원하는 것을 가지려고 할 때도 있습니다. 하지만 타인의 희생까지 요구하면서 어떤 것을 가지려 한다면 그것은 문제가 될 것입니다. 이 경우에는 그것을 이루게 해준 바로 그 사람에게 우리는 빚을 지게 되는 것이지요.

또 '카드로 긁어!'라는 말도 있습니다. 여러분도 모두 잘 알고 있을 것입니다. 요즈음은 카드로 물건 값을 치르는 것이 일상이 되어버렸으니까요. 물론 현금카드(체크카드)도 있지만 대부분 신용카드를 쓰지요. 일단 '긁고' 나중에 돈을 지불하는 것이지요. 이것도 일종의 빚의 논리입니다. 텔레비전 광고를 보다보면 돈을 빌려준다는 회사가 참 많다는 것을 알 수 있습니다. 컴퓨터 자판에서 엔터키를 한 번 치면 천장에서 돈이 떨어지지요. 또 전화 한 통이면 몇초 안에 돈이 입금된다고 선전하기도 합니다. 이토록 빚을 권하고 또 빚을 유혹하는 사회가 바로 우리 사회입니다.

누군가는 이런 말을 하기도 합니다. '빚도 능력이다'라고 말입니다. 빚도 재산이라고 말이지요. 돈은 돌아야 한다고, 그래서 어떤 경우라도 돈은 회전이 되어야 한다고 말합니다. 그래서 빚을 져서라도 돈, 즉 자금을 돌리라는 것이지요. 한참 경제개발을 외치던 시절에는 저축을 강조했답니다. 하지만 요즈음은 저축하는 사람을 가장 멍청한 사람이라고 말하기도 합니다. 재테크를 해서 돈을 더 불릴 줄 알아야 한다고, 그것이 덕이라고 말이지요. 그러다보니 빚을 내서라도 집을 사라고 권하기도 합니다. 그게 투자하는 것이라고요. 게다가 빚을 내서 주식을 사는 사람도 있답니다. 하지만 문제는 누구나 다 성공하는 게 아니라는 데 있습니다.

물론 어쩔 수 없이 빚을 져야 할 때도 있을 것입니다. 이때는 물론 자신의 경제적 상황을 잘 고려해서 빚을 져야 하지요. 또한 요즘 곳곳에서 광고를 하는 각종 대부 업체들의 광고에 현혹되어서도 안 됩니다. 돈이 필요하다는 것과 돈을 빌려야 한다는 것에만

경제

집착하다보면 무책임한 행동을 하는 경우가 많기 때문입니다.

돈을 어떻게 쓸 것인가

아서 밀러Arthur Miller(1915~2005)의 《세일즈맨의 죽음》이라는 작품이 있습니다. 주인공 윌리 로만은 이미 60세가 넘은, 그래서 시대에 뒤떨어진 세일즈맨으로 등장합니다. 그는 보험금이나 할부금에 쫓기면서도 화려한 과거의 꿈에서 깨어나지 못하고, 시대의 패배자라는 것을 깨닫지 못합니다. 직업을 바꿔볼까 생각하다가 오히려 직장에서 해고를 당하고, 아들에게 걸었던 꿈마저 깨지고 맙니다. 결국 그는 가족의 미래를 위하여 보험금을 타게 해주려고 고의적으로 교통사고를 낸 후 죽고 맙니다. 이것은 미국이라는 자본주의사회에서 성공의 꿈을 지닌 비참한 희생자의 말로를 묘사한 작품으로 꼽힙니다. 일종의 아메리칸 드림이라고 불리지요.

제2차 세계대전이 끝나고 미국 사회는 빠르게 성장하고 있었어요. 고대시대에는 모든 길이 로마로 통한다고 했지요. 하지만 20세기의 슈퍼파워로 등장하는 미국이 열강으로 올라서는 이 시대에 뉴요커라 불리는 뉴욕 사람들은 부와 권력의 상징이었습니다. 성공을 원하는 사람이라면 누구나 뉴욕을 찾아갔습니다. 즉 세상의 모든 길은 뉴욕으로 향하고 있었다고나 할까요. 사람들은 뉴욕으로 모여들었지요. 꿈을 안고 말이에요. 이것을 아메리칸 드림이라고 합니다.

아서 밀러는 자본주의사회가 지닌 문제점들을 자신의 작품을 통해 여실히 보여줬습니다. 보험금과 할부금! 요즘 우리 사회에서도 이것은 사회경제적 문제로 지적되고 있습니다. 보험도 한두 개가 아닌 수십 개에 가입하는 사람들이 있습니다. 매달 갚아야 하는 할부금도 현대사회를 대표하는 현상이지요. 마트에서 카드로 물건 값을 지불할 때 할부로 할 것인지 일시불로 할 것인지를 묻습니다. 그때나 지금이나 자본주의사회는 똑같은 문제로 시달리고 있는 셈이지요. 게다가 윌리 로만은 빚을 내서 집을 샀어요. 매달

이자를 갚아야 하는 형편이지요. 우리 사회의 하우스푸어와도 닮은 모습인데요. 인생을 한번도 즐겨보지 못하고 겨우 빚을 다 갚고 났더니 죽음만이 그를 기다리고 있었습니다. 참으로 불행한 인생이 아닐 수 없습니다. 정말 비극적인 삶이지요.

게다가 이 작품 속에는 보험사기도 한몫하고 있습니다. 이것은 요즈음 텔레비전에서 접하는 뉴스거리지요. 보험금을 타내기 위해 자해를 한다거나, 가족을 생명보험에 가입시킨 다음 살해를 한다거나, 고의로 교통사고를 내서 보험금을 타내는 등 우리들의 일상 속에서는 비인간적인 행동들이 참으로 많이 일어나고 있는

게 현실입니다. 도대체 무엇이 문제일까요? 이런 사회 속에서 어떻게 사는 것이 제대로 사는 것일까요?

돈을 쓰거나 활용할 때는 계획을 먼저 세우는 것이 가장 중요합니다. 누구나 가진 돈이 무한하지 않습니다. 제한된 조건 속에서 최대한의 이익을 내는 것이 경제의 논리입니다. 계획 없이 쓰다보면 필요할 때 부족한 상황에 처하게 될 것이 분명합니다. 이것은 비경제적일 수밖에 없습니다. 그리고 미래에 대한 막연한 두려움 때문에 보험에 들지는 마세요. 또 할부 구매를 할 때는 갚을 여력이 있는 한도 내에서 계획 있게 구매해야 합니다. 무작정 충동적으로 구매해서는 안 된다는 뜻입니다.

이 문제도 한번 생각해봅시다. 성경에는 달란트에 대한 유명한 비유가 있답니다. 내용을 요약하면 이렇습니다. 어떤 사람이 여행을 갈 때 종들을 불러 모아 재산을 맡겼습니다. 재능에 따라 한 사람에게는 금 다섯 달란트를, 다른 한 사람에게는 두 달란트를, 또 다른 한 사람에게는 한 달란트를 주고 떠났습니다. 다섯 달란트를 받은 사람은 그것을 밑천으로 장사를 해서 재산을 두 배로 늘려 열 달란트를 만들었습니다. 두 달란트를 받은 자도 장사를 하여 두 배를 남겼습니다. 한 달란트를 받은 자는 그것을 땅에 묻어두었다가 주인이 돌아오자 그것을 그대로 갖다 줍니다. 주인은 앞의 두 종에게는 칭찬을 아끼지 않았으나, 한 달란트를 그대로 가져온 종에게는 "악하고 게으른 종아"(마태복음 25:26)라며 야단을 칩니다. 게

다가 그 한 달란트마저 빼앗아 열 달란트를 가진 자에게 주라고 명합니다. 이 이야기는 어떤 메시지를 담고 있는 걸까요? 바로 어떻게 재산을 사용해야 하는가를 묻는 것입니다.

위의 비유를 반드시 장사를 하거나 사업을 하라는 뜻으로 해석하면 안 됩니다. 가지고 있는 것에 대한 상징적 해석이 필요합니다. 재능에 따라! 여기에 핵심이 있습니다. 주인은 잘 알고 있었습니다. 각각의 사람이 돈을 어느 정도 다룰 수 있는 능력이 있는지 말입니다. 하지만 마지막 사람은 그 재능을 활용하지 않았습니다. 그래서 악하고 게으른 종이라는 야단을 맞게 된 것입니다. 여러분은 어떤 재능을 갖고 있나요? 꼭 큰돈을 벌어야 칭찬받는 것은 아닙니다. 각자의 재능에 따라 최선을 다하면 되는 것입니다. 적게 갖고 있는 것 자체를 게으른 것으로 평가하면 절대로 안 됩니다. 주변에 그렇게 생각하는 사람이 있으면 그것은 편견이라고 일러주기 바랍니다. 다만 그 사람이 성실하게 그리고 열심히 살아가고 있다면 그것으로 칭찬받기에 충분한 것입니다.

돈으로 살 수 없는 것

돈, 돈, 돈! 돈타령하지 않는 사람이 있을까요? 용돈은 많을수록 좋겠지요. 이 세상에 용돈이 충분하다고 생각하는 사람이 얼마나 있을까요? 우리 모두는 자기 손에 돈이 얼마나 있어야 충분하다고 생각할까요? 욕망에 한계가 있을까요? 100원을 가진 자는 200원을 가지길 원하고, 100만 원을 가진 자는 200만 원을 가지길 원합니다. 또 1,000만 원을 가진 자는 2,000만 원을 가지길 원하고, 1억을 가진 자는 2억을 가지길 원합니다. 욕망에는 한계가 없습니다. 모든 사람들은 이것과 저것을 비교할 수 있기 때문에, 가능하면 더 좋은 것을 가지려고 할 것입니다. 그것은 인간의 본능이기도 합니다.

무소유의 철학을 실천하며 살았던 사람이 있습니다. 법정(1932~2010)이란 법명을 지닌 스님입니다. 그는 "무소유란 아무것도 갖지 않는다는 것이 아니라 불필요한 것을 갖지 않는다는 뜻이다. 우리가 선택한 맑은 가난은 넘치는 부보다 훨씬 값지고 고귀한 것이다"(법정, 류시화 엮음,《산에는 꽃이 피네》, 동쪽나라, 1998, 80쪽)라고 말했습니다. 불필요한 것! 그것이 과연 무엇일까요? 어쩌면 우리는 그 불필요한 것에 얽매여 살고 있는 것은 아닐까요? 과연 우리는 꼭 필요한 것만 가지고 살고 있을까요? 필요하지도 않은데 욕심 때문에 가지고 있는 것은 없을까요?

생각을 한번 바꿔봅시다. 돈으로 살 수 없는 것은 무엇일까? 라고 말이에요. 돈으로 사람을 살 수는 있어도, 사람 마음은 사지 못합니다. 돈으로 책은 살 수 있어도, 지식을 살 수는 없는 법입니다. 돈으로 시계는 살 수 있어도, 시간을 살 수는 없습니다. 돈으로

경제

인생도 살 수 없고, 행복도 살 수가 없습니다. 아름다운 추억도 못 삽니다. 돈으로 해결되지 않는 것들이 너무나도 많습니다. 우리가 돈에 집착하는 순간 이 사지 못하는 것들은 아무런 의미 없이 우리를 스쳐지나갈 뿐이라는 사실을 명심해야 할 것입니다. 사람의 마음도 놓치고, 지식도 쌓지 못하고, 경험을 하지도 못하고, 행복을 누릴 수 있는 기회도 놓치고 맙니다.

우리는 모두 자본주의사회에서 살고 있지만, 자본이 모든 것을 해결해주지는 않습니다. 돈 때문에 가족도 등을 돌리는 예가 너무나도 많답니다. 돈 때문에 사람을 죽이는 일까지도 벌어집니다. 돈은 정말 위험한 것이 될 수도 있습니다. 돈에 눈이 멀면 그렇게 됩니다. 돈의 노예가 되면 그렇게 됩니다. 돈에 집착하면 모든 것을 잃고 맙니다. 부모도 가족도 친구도 모두 잃을 것입니다.

돈을 다루는 지혜를 습득해야 합니다. 돈이 부족하다고 느껴지나요? 어쩌면 부족한 것은 돈이 아닌지도 모릅니다. 우리의 욕망이 너무 큰 게 탈인지도 모릅니다. 그래서 지혜가 필요합니다. 돈으로 한 사람의 인생을 평가하지 않도록 해야 합니다. 돈이 인생에 전부가 아니기 때문입니다. 돈이 있어도 가질 수 없는 것이 너무나도 많습니다. 돈으로 살 수 없는 것들을 바라보며 풍요로움을 느껴보세요. 그 모든 것이 넉넉함을 선사해줄 것입니다. 파란 하늘을 바라보세요. 하늘 높이 떠 있는 하얀 뭉게구름을 한번 바라보세요. 높은 산 위에 올라가 가슴을 활짝 펴고 깊은 숨을 한번 쉬어보세요. 약수터를 찾아가 어느 어르신께 인사를 한번 해보세요. 그러면 얼마나 많은 것들이 주어지는지 경험하게 될 것입니다. 부자가 되어 행복하게 살고 싶나요? 그러면 바라보는 대상을 바꿔보세요. 한마디로 보는 법을 바꿔보세요.

물론 돈 없이는 살 수 없습니다. 철학자 니체Friedrich Wilhelm Nietzsche(1844~1900)는 "직업은 인생의 척추다"라는 말을 남겼습니다. 직업이 없으면 인생의 척추가 없는 존재가 되고 마는 것입니다. 반드시 직업은 가져야 합니다. 사람답게 살려면 말입니다. 막스 베버Max Weber(1864~1920)는 직업을 하늘이 정해준 소명이라고 했습니다. 자기 자신에게 맞는 직업을 가진 자는 자신의 운명대로 살아가는 사람입니다. 그런 사람은 행복한 것입니다. 하지만 원하지 않는 직장에서 원하지 않는 일을 하고 있는 사람이 있다면, 과연 그는 행복할까요? 그저 먹고살기 위해 겨우 버티고 있는 것인지도 모를 일입니다.

'견물생심見物生心'이란 말이 있습니다. 실물을 보고 욕심이 생김, 즉 사물을 바라보면 그것을 소유하고 싶은 마음이 생긴다는 뜻입니다. 어쩌면 돈으로 살 수 있는 것만 바라보는 시선이 돈의 노예를 만들고 있는지도 모를 일입니다. 만약 그렇다면 우리는 새롭게 보는 법을 배워야 하지 않을까요? 돈은 도구이지 목적이 되어서는 안 됩니다. 돈에 눈이 멀면 나쁜 짓을 향한 유혹이 생겨납니다. 물건을 훔치려는 욕망도 생겨날 수 있습니다. 돈을 벌기 위해 타인을

경제

괴롭혀서도 안 됩니다. 내가 돈을 벌면 누군가는 돈을 벌지 못한다는 것도 알아야 합니다. 돈이 없으면 살 수 없지만, 돈의 노예가 되거나 돈에 눈이 머는 일은 없도록 명심합시다.

돈이란 무엇인가?

혼자 읽어도 좋은 책

아낌없이 주는 나무

셸 실버스타인 지음
이재명 옮김
시공사, 2006

아주 짧지만 오랜 감동을 주는 동화책이다. 이 책은 어느 소년과 나무와의 관계를 이야기하고 있다. 소년이 돈이 필요하게 되어 나무에 열리는 사과를 팔고, 집이 필요해 나뭇가지를 베고, 여행을 떠나고 싶어 기둥을 베어 통나무배를 만든다. 먼 훗날 소년이 돌아왔을 때 나무는 줄 것이 하나도 없다고, 앉아서 쉬라며 나무 밑동을 의자로 제공한다. 돈이 무엇인지, 행복이 무엇인지, 삶이 무엇인지 등 다양한 생각을 하게 해주는 책이다.

이솝우화

이솝 지음
이덕형 옮김
문예출판사, 2009

이 책에는 삶에 대한 지혜가 담겨 있다. 가령, 〈황금알을 낳는 거위〉라는 이야기가 있다. 거위의 주인은 거위의 내장이 온통 황금으로 되어 있지 않을까 하는 생각에 그 거위를 잡아본다. 그랬더니 다른 거위들과 다를 바가 없었다. 욕심이 지나쳐서 주어진 행복조차도 놓쳐버린 꼴이 되고만 것이다. 이 책은 돈 문제뿐만 아니라 교제나 처신 등 여러 가지 생각을 하게 해준다.

크리스마스 캐럴

찰스 디킨스 지음
강영길 옮김
일식서적출판사, 1992

고약한 구두쇠 스크루지 영감의 이야기다. 크리스마스 이브 날에 옛 동료가 나타나서 스크루지의 과거, 현재, 미래의 모습을 보여준다. 그는 돈을 모으기 위해 악착같이 일만 하며 살아가는 과거의 모습을 통해서는 후회를 하게 되고, 아무것도 해놓은 것이 없는 현재의 모습을 통해서는 자신의 현실을 직시하게 되고, 마지막으로 이렇게 살다가 늙어 비참한 죽음을 맞이하게 되는 미래를 통해서 자신을 바꿔야겠다는 다짐을 하게 된다.

경제

청소년 경제특강

조준현 지음
명진출판, 2013

월간 《중학독서평설》에 연재되었던 글을 모은 책이다. 청소년들의 생활과 밀접하게 연관된 경제지식을 전달하고 있다. 주변에서 쉽게 접할 수 있는 상황들을 이용해 경제적인 문제를 설명해준다. 중심이 잘 잡힌 독립형 인간으로 청소년들이 성장하는 것을 돕기 위해 집필되었다고 한다.

공산당 선언

카를 맑스·프리드리히
엥겔스 지음
권화현 옮김
펭귄클래식코리아, 2010

1848년 이 시기에 사회혁명을 주도했던 사상가 중 한 명이 바로 맑스다. 그는 모든 재산이 귀족에게 편중되어 있는 봉건주의적 사회구조에 대해 문제점을 지적했다. 노동자들의 삶을 중요한 문제로 부각시켰으며, 그의 사상은 '공산', 즉 재산을 함께 나눠 갖자는 데 핵심이 있다. '만국의 노동자들이여, 단결하라!'라는 이 책의 마지막 구절은 그 당시 유행어처럼 번져서 실제로 혁명을 이끌어내는 도화선 역할을 했다.

프로테스탄트
윤리와
자본주의 정신

막스 베버 지음
김상희 옮김
풀빛, 2006

개신교 윤리 속에 자본주의 정신이 어떻게 융화되어 있는지 설명하는 책이다. 무엇보다도 직업에 대해 깊게 생각하도록 돕는다. 베버는 직업은 '소명'이라고 말한다. 개신교적인 해석이지만 직업에 대해 책임감을 갖게 해준다는 점에서 긍정적인 의미를 담고 있다. 돈을 번다는 것의 의미가 무엇인지, 삶과 돈은 어떤 연관관계가 있는지 답을 해준다.

돈이란 무엇인가?

사회가
병들면
생기는 것

이종철

"

흔들리지 않고 피는 꽃이 어디 있으랴
이 세상 그 어떤 아름다운 꽃들도
다 흔들리면서 피었나니
흔들리지 않고 가는 사랑이 어디 있으랴.

—도종환, 〈흔들리며 피는 꽃〉 중

삶의 길을 가면서 겪는 아픔,

아픔이 독이 되느냐 약이 되느냐는

그 아픔을 받아들이는 우리 자신의 자세와 의지에 따라

달라질 수 있습니다.

저희 반에 보면 인기 있는 친구들이 몇 있습니다. 공부를
잘하거나 운동을 잘하는 애들이죠. 선생님에게도 특별히
예쁨을 받는 것 같고요. 그런데 가끔 그 친구들을 보면 화가
치밀 때가 있습니다. 왕따라고까진 할 수 없지만, 반에서
소외받는 친구가 있는데요. 교묘하게 그 친구를 무시하는 말을
할 때가 있거든요. 대신 가서 싸워주고 싶지만 저도 왜인지
모르게 그 친구들 눈치를 보게 돼요. 달라질 수는 없는 걸까요?

너무 가슴 아픈 폭력

요즘 우리 사회에서 폭력에 관한 이야기가 많이 들리지요. 특
히 학생들이 공부하고 인성을 기르는 학교 안에서 폭력이 일어나
고, 적지 않은 학생들이 고통받는다는 이야기를 들어봤을 겁니다.
오랫동안 고통에 시달리던 학생 중에는 자살과 같은 극단적인 선
택을 하여 주변의 친구와 가족들에게 큰 상처를 주기도 했습니다.
피해 학생과 그 가족뿐만 아니라 가해 학생들의 가족, 그리고 다른

　　　　　　　　　　사회가 병들면 생기는 것

친구들에게도 큰 슬픔과 아픔을 주었지요. 죄의식이 별로 없고 심각하지 않게 생각하던 가해 학생들은 감옥에 가게 되었고요. 폭력은 이처럼 가해 학생과 피해 학생만의 문제로 끝나지 않고, 주변의 사랑하는 많은 사람들에게도 엄청난 슬픔과 고통을 안겨주는 일입니다. 그런데도 이런 폭력이 왜 점점 많아지고 사회 곳곳에서 일어나는 걸까요? 왜 모두가 나쁘다고 생각하는 일이 되풀이해서 일어나는 것일까요?

폭력의 두 가지 의미

폭력은 일반적으로 '불법한 방법으로 행사되는 물리적 강제력'을 뜻합니다. 첫 번째로 폭력은 '불법한 방법'으로 행사되는 것을 의미합니다. '불법'이라는 것은 법에 어긋난다는 것, 법을 어긴다는 것을 말합니다. 여기서 우리는 다시 두 가지를 생각해볼 수 있지요. 하나는 합법적으로 물리적 강제력을 행사할 수도 있다는 것입니다. 여기서 합법적이라는 건 무슨 의미인가요? 법의 보호 아래에서 행한다는 의미인가요? 그렇다면 법의 보호 아래에서 강제적으로 행사하는 폭력도 있다는 뜻인데요. 그런 경우에는 어떤 것들이 있나요?

사람들이 모여 사는 조직이나 집단, 그리고 사회에는 어느 정도 혼란을 막고 질서를 유지하기 위한 힘이 필요합니다. 이때 이런 힘을 가지기 위해서 집단이나 사회를 구성하는 사람들이 법이나 계약을 통해 약속을 합니다. 이렇게 약속되고 합의된 힘(강제력)을 우리는 단순한 폭력과 구분해서 합법적 권력 혹은 정당한 권력이라고 합니다. 우리는 이러한 권력을 학교나 군대, 교도소 등 사람이 집단적으로 모여 있는 곳이라면 어디서든 볼 수 있습니다. 하지만 정당한 권력도 약속한 법이나 정당한 이유 없이 행사되면 불법이 되고 폭력이 될 수 있습니다.

두 번째로 폭력은 '물리적 강제력'을 의미합니다. 물리적 강제력은 신체에 폭행을 가하거나 의사에 반해서 신체를 어떤 규율에 강제로 복종시키는 힘을 말합니다. 이런 강제력을 행하는 사람은 대부분 당하는 사람보다 힘이 셉니다. 힘센 자가 약한 자에게 폭행을 가하면 어떤 일이 일어날까요? 너무 당연한 이야기를 물었나요? 일단 폭행이 가해지면 고통스러운 것은 말할 나위도 없겠지요. 게다가 이러한 폭행은 단순히 현재의 육체적 고통만으로 끝나지 않습니다.

폭행은 당하는 약자의 의사나 의지에 반해서 가해지기 때문에 육체적인 아픔을 줄 뿐 아니라 정신적으로도 상당한 고통을 줄 수 있습니다. 폭행의 정도가 지속되고 심해지면 심해질수록 폭행을 당하는 약자의 마음속에는 죽을지도 모른다는, 죽을 것 같다는 공포심도 커집니다. 더 나아가서는 고통과 공포에 시달리기보

사회가 병들면 생기는 것

다는 차라리 죽는 게 낫다는 극단적인 생각도 하게 됩니다. 그렇기 때문에 폭력이 오랫동안 지속될 경우 폭력을 당하는 피해자의 자아는 공포심 때문에 극도로 약해질 수 있습니다. 주변의 선생님이나 상담가가 도움을 주겠다고 해도 피해자가 외면하거나 침묵하는 것도 바로 이러한 이유 때문이지요.

이처럼 폭력은 물리적인 강제력과 공포심을 조장함으로써 피해자의 자아와 인격을 피폐하고 무력하게 만듭니다. 우리 모두는 자유의지를 가진 자유로운 존재, 혹은 인격적 존재라는 것을 아주 당연하게 생각합니다. 그런데 폭력은 이러한 자유의지에 반해서, 자유로운 존재를 공포심에 떠는 노예로 만들기도 합니다.

이 두 가지 사실과 더불어 우리는 보다 중요한 한 가지를 더 생각할 수 있습니다. 앞에서 폭력은 공포심을 조장해서 우리의 자유로운 의지를 무력하게 만든다고 했습니다. 이런 공포심을 조장하는 데, 물리적 폭력 외에 또 다른 무엇이 있을까요? 사람의 말은 물리적인 힘보다 때로 더 강한 영향을 줄 수 있습니다. 부모님이나 선생님의 말씀을 잘 따라야 한다는 말을 귀가 따갑게 들으면서도 쉽게 거역하지 못하는 것은 말에 그만큼 권위나 힘이 있기 때문이지요.

좋은 말은 감동과 감화를 일으켜 한 사람의 인생에 좋은 영향을 미칠 수 있는 반면, 나쁜 말은 정반대로 나쁜 영향을 주어 한 사람의 인생을 망칠 수도 있습니다. 그렇기 때문에 당하는 사람의 의사에 어긋나는 나쁜 말로 그에게 상처와 고통을 주는 것도 물리적 폭력 못지않게 중대한 '언어폭력'이라고 할 수 있습니다.

다른 사람에 대한 악성 루머나 인신공격, 욕설 등이 대표적으로 이러한 언어폭력에 해당합니다. 게다가 오늘날에는 인터넷 게시판이나 트위터 등과 같은 SNS가 급속히 확산되면서 이러한 매체를 통해 언어폭력에 노출되기도 합니다. 오랫동안 이러한 폭력에 노출된 사람은 물리적 폭행 이상으로 고통을 받습니다. 특히 연예인과 같이 세상에 알려진 사람들은 이런 폭력에 더 많이 노출됩니다.

이런 사실을 알고 있는 우리는 이제 언어폭력의 문제를 결코 간단하게 생각해서는 안 되겠지요? 그렇다면 우리는 폭력의 의미를 불법한 방법으로 정신이나 육체에 가해지는 물리적인 것만이 아니라 언어적인 강제력까지도 포함하여 생각해야 할 것입니다. 그런데 이렇게 나쁜 폭력은 왜 없어지지 않고 끊임없이 되풀이되는 걸까요?

무엇이 폭력을 만들까?

폭력문제를 오랫동안 연구한 사람들은 서로 다른 두 가지 차원에서 폭력의 문제를 볼 수 있다고 합니다. 하나는 사람의 생물학적이고 본능적인 차원에서 접근하는 것이고, 다른 하나는 사회적

사회가 병들면 생기는 것

이고 구조적인 차원에서 접근하는 것입니다. "사람은 사회적 동물이다"라는 말에서처럼 사람에게는 동물적이고 본능적인 측면과 사회적이고 정치적인 측면이 있습니다.

폭력이 본능적이고 동물적 성격을 띠고 있다는 것은 많은 사람들도 아는 사실일 것입니다. 〈동물의 왕국〉이라는 텔레비전 프로그램에는 야생 환경에서 생존을 위해 먹고 먹히는 싸움을 하는 동물들이 나옵니다. 싸움에서 진 동물들은 다른 동물들의 먹잇감이 되고, 생존에 적응하지 못한 동물들은 결국 자연에서 사라지게 되지요. 때문에 동물들에게 야수성이나 공격성은 살아남기 위한 본능적 행위이고 자연선택을 위한 불가피한 일이라고 할 수 있습니다. 번식이나 먹잇감을 차지하기 위해서 혹은 집단 내 서열 다툼으로 인해 끊임없이 쟁탈전을 벌이는 것은 오히려 동물들의 자연스러운 생존방식인 것이지요.

그런데 동물세계에서 이처럼 강자가 독식하고 약자를 잡아먹는 현상을 우리는 그르다고 비난하나요? 이를테면 무서운 갈기를 하고 있는 수사자가 어린 영양을 잡아먹는 것을 보고 사자를 나쁜 동물이라고 하나요? 학교에서 힘이 센 친구가 약한 친구를 괴롭히고 때릴 때는 그 친구가 잘못했다고 하면서, 사자는 왜 잘못했다고 하지 않을까요? 두 표현 사이의 차이는 어디에 있을까요? 그것은 힘이 세다거나 약하다는 표현이 동물세계에서 벌어지는 자연 사실을 가리키는 반면, 옳다거나 그르다는 표현은 어떤 도덕적 가치나

폭력

규범적 기준에 따라 사람들의 행위를 판단하고 평가하는 말이기 때문입니다. 옳고 그름을 판단하는 것을 우리는 가치판단이라고 하지요.

그러면 자연적 사실과 도덕적 가치를 구분하는 이유는 무엇일까요? 그것은 동물들의 약육강식의 논리를 사람들이 살아가는 세상에 그대로 적용할 수 없기 때문입니다. 그것은 자연 본능에 따르는 동물들의 세계와 도덕과 규범이 지배하는 사람들의 세계가 다르기 때문입니다.

그러나 사람도 동물이기 때문에 이런 동물의 논리가 사람의 행동을 설명할 수 있다는 주장도 있습니다. 그들은 약육강식과 적자생존, 파레토 법칙(20:80의 법칙)★ 등과 같은 강자 중심의 경쟁 논리로 사람 사회를 설명합니다. 파레토의 법칙이란 한 사회의 가치나 부를 능력 있는 20%가 소유하는 것이 자연스러운 현상이라고 말합니다.

하지만 이러한 경쟁 논리가 어떤 집단이나 사회의 경쟁력을 높이는 데, 정말로 큰 도움이 될까요? 학급에서 힘이 세고 공부를 잘하고 집안이 부유한 아이들이, 그렇지 못한 학생들을 괴롭히는

★**파레토 법칙** 이탈리아의 경제학자 파레토Vilfredo Pareto(1848~1923)가 발표한 소득 분포의 불평등 정도에 관한 법칙이다. 파레토는 이탈리아 인구의 20%가 이탈리아 전체 부의 80%를 가지고 있다고 주장한다. 이 법칙은 '전체 결과의 80%가 전체 원인의 20%에 의해 결정된다'고 말한다. 결과적으로 모든 현상을 강자 중심으로 설명하고 정당화하는 논리가 된다.

사회가 병들면 생기는 것

데도 친구들 사이에서 인기가 많고 선생님들에게 더 귀여움을 받는다면, 과연 그것은 옳은 일일까요?

빈부격차가 심해지고 구성원들 사이에 공정한 경쟁이 사라진다면, 갈등과 공격성이 더욱 증가하지 않을까요? 이것은 우리가 살아가는 사회를 약육강식이 지배하는 동물들의 사회로 만드느냐 아니면 더불어 살아가는 사람들의 사회로 만드느냐의 문제일 것입니다.

폭력이나 공격성은 사회의 특수한 환경에 따라 얼마든지 심해질 수도 있고, 반대로 줄일 수도 있습니다. 이것은 상당 부분 집단 혹은 사회를 어떻게 구성하고 운영하느냐에 달려 있습니다. 유럽인들 가운데 비교적 이성적이고 질서를 잘 지키는 것으로 알려진 독일 국민들이 나치 체제하에서 어떤 모습을 보였던가요? 나치는 아우슈비츠의 가스실에서 무고한 600만의 유태인들을 살해하는 만행을 저질렀습니다. 그런데 많은 독일 국민들은 이를 방관했을 뿐더러 적극적으로 지지하기도 했습니다. 이 일에 앞장섰던 아이히만 Karl Adolf Eichmann(1906~1962)이라는 유명한 전범이 있습니다. 그는 나치 패망 후 남미로 도망갔다가 잡혀서 1960년에 예루살렘의 법정에서 재판을 받았습니다. 우리는 이렇게 잔인무도하고 악한 사람은 악마처럼 생겼을 것이라고 짐작할 것입니다. 미국의 유명한 여성철학자 한나 아렌트 Hannah Arendt(1906~1975)도 같은 생각으로 재판을 참관했습니다. 하지만 재판이 끝난 후, 그녀가 내린 결론은 아이히만이 괴물이나 악마가 아니라 옆집 아저씨처럼 너무나 평범하다는 사실이었습니다. 그는 나치체제하에서 주어진 명령을 아무런 생각 없이, 그저 열심히 수행했던 것입니다. 이웃집 아저씨처럼 평범하게 살아갈 수도 있는 사람이 나치와 전쟁이라는 특수한 환경 속에서 얼마나 달라질 수 있는지를 보여주는 예입니다.

여기 비슷한 내용의 심리학 실험 사례가 있습니다. 행동 연구가이자 생태학자인 칼훈John B. Calhoun(1917~1995)은 특수하게 만든 방에서 쥐를 사육하는 실험을 하였습니다. 실험에서, 쥐들의 개체수가 급증하자 쥐들은 난폭해지고 공격적으로 변했습니다. 자기 새끼를 잡아먹는 모성애가 파괴된 모습을 보이고, 자신들의 보금자리를 파괴하는 행위를 했습니다. 그는 이 연구 결과를 통해 인구밀집이 인간 행동에 동일한 결과를 야기할 수 있다는 비관적인 전망을 내놓았습니다. 이 실험에 따르면 제한된 공간에 거주하는 개체들의 수가 늘어나면 늘어날수록 개체들 상호 간에 공격성의 정도가 높아진다고 합니다. 말하자면 똑같은 본능과 공격성을 지닌 개체들이라 할지라도, 그 개체들의 생존 환경과 밀도에 따라 상당히 달라질 수 있다는 거지요. 더 나아가서 주거 밀도뿐만이 아니라 그 공간이나 환경을 움직이는 규칙이 큰 영향을 미칠 수 있다고 합니다. 예를 들어 쥐들이 서로 경쟁하게 만들어 강한 쥐만 먹이를 먹을 수 있게 한다면 어떻게 될까요? 먹이를 얻기 위해 쥐들 상호 간에 경쟁이 치열해지고, 심할 경우는 서로 간에 적개심까지 생길

사회가 병들면 생기는 것

수 있을 겁니다. 이 과정에서 약한 쥐는 따돌림을 당하거나 심한 폭력에 노출될 수도 있고, 때로는 죽임을 당할 수도 있습니다.

우리는 이 실험을 통해 무엇을 생각할 수 있나요? 폭력은 동물적인 것이므로 당연한 현상이라고 할 수 있을까요? 아니면 폭력은 사회구조와 그것을 움직이는 규칙에 더 큰 원인이 있다고 할 수 있을까요? 오늘날 우리 사회에서 학교폭력이 큰 문제가 되고, 자살율이 다른 선진국들보다 훨씬 높은 이유도 따지고 보면 우리 사회가 지나치게 강한 자들 중심으로 생존경쟁의 원리에 의해 움직이기 때문일 것입니다. 우리는 학교를 다니는 내내 좋은 성적을 유지하고 좋은 학교에 가기 위해 경쟁해야 하고, 선생님들이나 학교도 이런 가치만을 강조하는 경우가 많습니다.

하지만 강한 자만이 살아남는 그런 사회가 과연 건강할까요? 설령 건강하지 않더라도 그런 사회가 계속 지속가능할까요? 이런 사회 환경이 계속 유지될 경우 과연 강한 자들은 살아남을 수 있을까요? 재미있는 예를 하나 더 들어보겠습니다. 제한된 공유지에서 양들이 멋대로 먹이를 찾도록 하면 어떻게 될까요? 처음에는 아무래도 힘센 양이 더 많은 풀을 먹고, 힘이 약한 양들은 제대로 먹지 못해 굶어죽을 수도 있을 겁니다. 하지만 그대로 방치할 경우 결국에는 풀이 모두 없어져서 힘센 양도 굶어죽을 수밖에 없을 겁니다. 모두가 함께 살아갈 수 있도록 이 환경을 개선하려는 노력이 그래서 중요하다는 것입니다.

폭력

폭력은

잘사는 사람과 못사는 사람의

차이가

크면 클수록

더 많아지고,

더 무자비해진다.

우리는 폭력이 개개인의 동물적 공격성보다는 우리가 살아가는 환경과 규칙에 훨씬 더 영향을 받는다는 것을 알 수 있습니다. 우리가 살아가는 환경과 그것을 움직이는 규칙을 바꾸려고 노력하지 않으면서 폭력이 있을 때만 가해자를 비난하거나 처벌한다면 폭력은 사라지지 않을 겁니다. 그러면 이제는 이런 폭력을 줄이거나 없애기 위해 우리 스스로 무엇을, 어떻게 해야 하는지 생각해보아야겠지요.

폭력 없는 세상 만들기: 실천편

만일 이 세상에 폭력이 없다면 얼마나 좋을까요? 하지만 우리가 살아가는 세상은 늘 온갖 폭력으로 얼룩져 있습니다. 중요한 것은 그러한 폭력이 만들어지는 이유를 알고, 폭력을 낳는 우리의 태도와 이를 허용하는 사회제도에 대해 생각해보는 것입니다. 그래서 문제가 있다면 과감하게 이를 고쳐나가는 것이 보다 중요하겠지요.

앞에서 우리가 폭력을 "불법한 방법으로 정신이나 육체에 가해지는 물리적이거나 언어적인 강제력"이라고 정의했습니다. 이러한 불법적 강제력은 자유의지와 인격을 가진 우리의 의사에 반해서 이루어지기 때문에 우리의 자아를 파괴하고, 심지어는 노예처럼 수동적인 인격을 만듭니다. 그렇기 때문에 옳지 않다고 이야기했지요. 또 이러한 강제력은 단순히 자연 본능이 아니라 사람들이 살아가는 사회구조와 그 구조의 운영 규칙, 그리고 그 규칙을 실행에 옮기는 사람들에 의한 말하자면 인위적인 것이라고 말했습니다. 그러므로 폭력 없는 세상을 위한 일도 이러한 입장에서 생각해야 할 것입니다.

먼저 폭력을 없애기 위해 개인적 입장에서 생각해봅시다. 모든 폭력은 언제나 폭력을 행하는 어떤 개인을 통해 이루어집니다. 물론 인터넷 게시판이나 SNS가 발달한 오늘날에는 익명으로 이루어지는 언어폭력의 수위가 높기도 합니다. 그런데 물리적 폭력이든 언어폭력이든 그것을 행하는 개인은 별다른 죄의식 없이 재미로 하는 경우가 많습니다. 의외로 순진한 아이들이 저지르는 이런 행위는 처음에는 머뭇거리다가도 반복되고 습관이 되면서 더욱 더 죄의식이나 책임감이 없이 이루어지게 됩니다.

하지만 죄의식 없이 재미로 하는 폭행이지만 그것을 당하는 사람은 자아가 무너지고, 영혼이 피폐해지는 고통과 슬픔을 겪게 됩니다. 《이솝우화》에 나오듯, 아이들이 장난으로 하는 돌팔매질은 연못에 사는 개구리들에게 목숨을 좌우할 수도 있는 폭력이 되기도 하니까요. 그런데 이때 아이들이 이런 장난 행위의 위험이나 영향을 알고서도 그렇게 할 수 있을까요? 물론 그렇게 하는 아이들

사회가 병들면 생기는 것

도 있겠지만, 명백히 잘못과 불법임을 알고서도 고의로 행할 만큼 나쁜 의지를 가진 사람은 아주 적을 거예요. 말하자면 대부분의 아이들은 죄책감이나 별다른 생각 없이 눈앞의 재미나 이익 때문에 그렇게 하는 경우가 많다는 것이지요. 하지만 폭력을 휘두르는 아이가 자기 행동의 의미와 옳고 그름을 판단할 수 있었다면 이처럼 아픔을 주고 영혼과 인간성을 파괴하는 행위를 고의적으로 했을까요?

여기서 우리는 자신의 행위를 스스로 반성하고 성찰하는 일이 얼마나 중요한가를 알 수 있습니다. 이런 행동은 자신의 자유의지에 따른 능동적 행위입니다. 이러한 능동적 의지에 따라 우리는 항상 어떤 상황에서 어떤 행동을 하는 것이 옳고 그른지를 반성할 수 있습니다. 옳고 그름을 판별하는 도덕과 도덕적 행동은 결코 외부에서 주어지는 타율적 규범이나 강제된 행동이 아닙니다.

우리는 지금까지 항상 무엇을 해라, 무엇을 하지마라는 식의 타율적 명령에만 길들여져 왔습니다. 그러다보니 스스로 반성해서 옳고 그름을 판별하는 자아의 도덕 능력이 너무 약해졌는지도 모릅니다. 이처럼 반성하고 성찰하고 판단하는 도덕적 자아를 키워나가도록 교육하는 것이 폭력문제를 해결하는 중요한 방법이 아닐까요? 독일의 유명한 철학자 칸트Immanuel Kant(1724~1804)는 이런 도덕적 자아가 되기 위해서는 다른 사람을 결코 자신의 이기심을 위한 수단으로 대해서는 안 된다고 했어요. 물론 이런 태도는 시간이 많이 걸리고 쉽지 않은 문제겠지만요.

다음으로 사회적인 입장에서 보면 어떤가요? 앞에서 우리는 폭력이 본능적 요인보다는 사회구조적 환경과 그것을 움직이는 규칙에 더 큰 영향을 받는다고 했습니다. 사회가 약육강식의 논리에 따라 강한 자들만이 살기에 유리하게 움직인다면, 그런 사회는 동물들이 싸우는 자연 상태이지 사람이 살아가는 사회 상태와는 거리가 멀다고 했습니다. 자연 상태에서의 싸움은 "공유지의 비극"에서 보았듯 모두가 지고 모두가 죽는 어리석은 놀이라고 할 수 있습니다. 때문에 많은 철학자들은 이 상태를 벗어날 수 있는 새로운 질서와 규칙을 찾으려고 했던 것입니다. 생각해보면 사람이 사람다운 것은 동물들과 다른 사람들의 질서와 규칙이 있고 서로가 서로를 잡아먹으려는 공격적인 태도보다는 약자를 배려하고 그들과 평화롭게 공존하려는 태도 때문이 아닐까요?

너무 이상적이라고요? 처음에는 그런 생각이 들 수도 있을 겁니다. 하지만 사람만이 이상을 꿈꾸고 그 이상을 향해 우리의 삶을 변화시키고 개선시켜나갈 수 있지 않을까요? 자연선택과 적자생존에 지배되는 동물들의 진화 과정은 옛날이나 지금이나 달라지지 않습니다. 하지만 좀 더 나은 사회, 좀 더 좋은 사회를 향한 끊임없는 노력을 통해 사회도 발전하고 문화와 문명도 발전하고 있습니다.

자연의 진화는 저절로 이루어지지만 인간 사회의 발전은 사람

사회가 병들면 생기는 것

들의 의식적인 노력에 의해서만 가능합니다. 지나치게 강자 중심으로 운영되는 사회, 강자와 약자의 차이가 너무 큰 사회, 약자의 슬픔과 고통에 기초한 사회는 개인의 폭력성을 더 자극할 수 있습니다. 때문에 우리는 동물들의 세계와 달리 약자를 배려하고, 약자와 공존하고, 투쟁과 공격보다는 사랑과 평화가 넘치는 사회가 되도록 사회의 법과 규칙을 바꾸어나갈 필요가 있습니다. 그런 규칙이 구체적으로 무엇이냐고요? 그것이 바로 우리가 함께 고민해야 할 문제이고, 공부해야 할 이유가 아닐까요? 폭력이 없는 사람다운 사회는 저절로 만들어지는 것은 아니니까요.

폭력

혼자읽어도좋은책

이솝우화

이솝 지음

초등학생부터 성인에 이르기까지 어떤 연령층이 읽어도 생각할 거리를 많이 주는 책이다. 학교에서 폭력을 가하는 학생들에게 왜 그랬는지 물어보면, 재미나 심심풀이로 했다는 경우가 많다. 이 책에 등장하는 우화 중에는 연못에 사는 개구리들에게 장난삼아 돌팔매질을 하는 아이들이 나온다. 우화를 통해 별생각 없이 저지른 폭력이 어떤 결과를 낳게 하는지 교훈을 건네준다..

왜 폭력을 쓰면 안 되나요?

조지혜 지음
참돌 어린이, 2012

폭력이 왜 나쁘고, 피해를 당하는 학생을 얼마나 망가드리는지, 어떤 경우에도 폭력을 써선 안 되는 이유는 무엇인지 동화를 통해 보여주고 설명해준다. 폭력은 물리적인 것뿐만 아니라, 언어폭력이나 왕따와 같이 의식적인 행위도 포함된다는 것을 다시 한번 확인시켜준다.

너한테도 생길 수 있는 일: 학교폭력에 용기 있게 맞서기

마이크 캐시디 지음
이성우 옮김
다른, 2012

폭력은 많은 경우 초등학교 교실에서 배우고 시작된다. 이맘 때의 아이들은 그것이 왜 문제가 되는지도 모르고 심지어 재미로 폭력을 행사하는 경우도 많다. 하지만 이러한 폭력을 그대로 방치하거나 묵인할 경우 폭력의 강도는 세지고, 폭력이 습관화될 수 있다. 이 책은 초등학교 교실에서 싹트는 폭력에 대해 어떻게 대처할지를 삽화를 통해 구체적으로 설명해준다.

사회가 병들면 생기는 것

장자

장자 지음
오강남 옮김
현암사, 1999

학생들의 학교폭력은 도토리 키 재기 식의 경쟁과 그에 따른 극심한 스트레스, 그리고 삶을 다양한 관점에서 보지 못하는 우물 안 개구리 식의 좁은 생각에서 비롯되는 경우가 많다. 동양의 고전인 《장자》는 이러한 좁은 생각의 틀을 넓혀주고, 다른 생각·다른 삶을 이해하도록 도와준다. 나아가 다른 생명체들과 더불어 살아가는 지혜를 알려준다.

주먹을 꼭 써야 할까?: 십대를 위한 폭력의 심리학

이남석 지음
사계절출판사, 2011

입시 위주의 교육으로 학교가 적자생존의 살벌한 경쟁터가 되었다는 말은 어제오늘의 이야기가 아니다. 이런 학교에서 아이들은 어떤 형태로든 '짱'이 되어 튀고 싶고 인정받고 싶어 한다. 폭력은 자신의 힘을 과시하는 방법 중의 하나이다. 이 책은 학교 '짱'과 방과 후 교사의 충돌과 갈등을 이야기한다. 그 과정에서 서서히 변해가는 성장 과정을 담고 있다.

폭력이란 무엇인가: 폭력에 대한 6가지 삐딱한 성찰

슬라보예 지젝 지음
정일권·김희진·이현우 옮김
난장이, 2011

철학자 지젝은 폭력에 대해 보다 깊은 성찰을 보여준다. 그는 눈에 보이는 '주관적 폭력'보다 눈에 보이지 않는 '객관적 폭력', 즉 '상징적 폭력'과 '구조적 폭력'을 강조한다. 이 구조적 폭력은 정치·경제 체계가 정상적으로 돌아가는 상황에서 나타나는 일상적이고 은폐된 폭력이기 때문에 더 위험하다. 이 책은 폭력의 밑바탕에 깔려 있는 공포심과 원한, 지배 이데올로기로서의 관용과 같은 여러 문제들을 철학적으로 생각해 볼 수 있게 해준다.

인권

누구에게나
있는
권리

한상연

"

친구들과 사이좋게 지내고 싶나요?

그럼 먼저 자신을 사랑하고 존중하는 법을 배우세요.

그래야 다른 사람도 사랑할 수 있답니다.

요즘 학교에서 정의를 주제로 한 과제들이 늘어나고 있습니다. 아무래도 얼마 전 베스트셀러에 오른 마이클 센델의 책《정의란 무엇인가》때문이 아닐까 싶어요. 최근 뉴스에서도 정의나, 윤리, 인권, 권리 같은 단어들이 자주 들리는 것 같고요. 심지어 논술 시험에서도 애매한 상황을 서술해놓고, 어떤 게 정의로운 행위인지 자신의 생각을 써보라는 문제까지 등장합니다. 그런데 저는 아직도 어떤 게 정의로운 행동이고, 어떤 선택을 하는 게 인권을 위한 것인지 헷갈릴 때가 많아요.

기술 없이 살 수 있을까?

인간은 기술을 사용하며 살아간다는 점에서 기술적 존재라고 할 수 있습니다. 그런데 인간이 기술적 존재라는 것은 인간에게 좋은 일이기도 하고 나쁜 일이기도 합니다. 무슨 뜻이냐고요? 우선 좋은 점부터 생각해보죠. 인간의 몸은 약합니다. 고대 그리스의 프로메테우스 신화가 이러한 사실을 우리에게 잘 알려줍니다. 그 신화를 간단히 소개하면 다음과 같습니다.

누구에게나 있는 권리

처음 세상이 만들어지고 나서 최고의 신 제우스는 프로메테우스와 에피메테우스에게 살아가는 데 필요한 재주를 모든 동물들에게 한 가지씩 나누어줄 임무를 맡겼습니다. 프로메테우스와 에피메테우스는 서로 형제지간인 신들입니다. 에피메테우스가 자청해서 그 일을 맡았고요. 하지만 성급한 에피메테우스는 한 가지 실수를 하고 말았습니다. 그만 인간에게 줄 선물을 하나도 남겨놓지 않고 다른 동물들에게 모두 나누어주고 만 것입니다. 그 때문에 인간은 사냥할 때 필요한 날카로운 발톱이나 이빨, 맹수가 습격할 때 도망갈 수 있게 해주는 빠른 다리, 추위를 막아줄 털 등 사는 데 필요한 재주를 하나도 갖지 못했습니다. 에피메테우스가 저지른 실수로 인해 인간은 창조되자마자 멸망하게 될 운명에 처하게 된 것이지요.

그러자 프로메테우스는 제우스에게서 불을 훔쳐다 인간에게 선물로 주었습니다. 프로메테우스가 가져다준 불 덕분에 인간은 멸망하지 않았습니다. 불은 인간이 살아가는 데 필요한 모든 것들을 다 가지게 해줬던 것이지요. 하지만 프로메테우스는 인간을 도와줬기 때문에 큰 벌을 받아야만 했습니다. 원래 불은 신들만 사용할 수 있었거든요. 신들의 법을 어기고 인간에게 불을 가져다 준 프로메테우스를 제우스는 코카서스 산의 커다란 바위에 묶어놓고 매일 독수리를 보내 간을 쪼아 먹게 했습니다. 프로메테우스는 불사의 신이기 때문에 독수리가 간을 쪼아 먹어도 죽지 않았지요.

인권

독수리가 간을 쪼아 먹고 나면 곧 새 간이 그의 몸에서 자랐던 것입니다. 오랜 세월이 흐른 뒤 헤라클레스라는 영웅이 독수리를 활로 쏘아 죽이고 자신을 풀어줄 때까지 프로메테우스는 단 하루도 빼놓지 않고 독수리에게 간을 쪼아 먹히는 끔찍스러운 고통을 참아야만 했습니다.

프로메테우스 신화는 인간이 기술 없이는 생존할 수 없는 약한 몸을 지니고 있다는 사실로부터 출발합니다. 인간은 불로 쇠를 녹여 농기구나 무기를 만들기도 하고, 음식을 익히기도 하며, 진흙으로 빚은 도자기를 단단하게 굽기도 하지요. 그런 점에서 프로메테우스 신화에서의 불은 자연적 신체만으로는 생존할 수 없는 인간이 안락한 삶을 영위할 수 있도록 만들어주는 기술적 지성의 상징인 것입니다. 그렇다면 기술을 통해 인간이 할 수 있는 일들을 구체적으로 한번 살펴볼까요?

우선 인간은 기술적으로 불을 만들 수 있습니다. 추위를 막아줄 털이 없는 인간에게 불을 만들 수 있는 기술적 능력은 매우 중요합니다. 또 불로는 구리 같은 금속을 녹여 농기구나 무기를 만들 수 있습니다. 날카로운 발톱이나 이빨, 맹수가 공격할 때 도망갈 수 있는 빠른 다리가 없는 인간에게는 몹시 중요한 것이지요. 인간은 불로 만든 무기로 사냥도 하고 사나운 맹수도 제압할 수 있으니까요. 불로 금속을 녹여 만든 농기구로는 농사를 지어 곡식을 얻고 사냥감이 부족할 때를 대비할 수도 있습니다.

225

이렇듯 기술적 지성을 지니고 있는 인간은 기술적으로 불을 만들 수 있었고, 이를 통해 불을 다룰 줄 모르는 다른 동물들은 꿈도 꿀 수 없는 여러 가지 일들을 인간은 할 수 있었습니다.

사람에게 정의가 없다면…

프로메테우스의 신화를 읽고 나면 프로메테우스는 인간을 사랑하는 좋은 신이지만 제우스는 잔인한 신이라는 느낌이 들 것입니다. 하지만 원래 프로메테우스의 신화는 더 길고 복잡한 이야기입니다. 프로메테우스 신화는 제우스보다 프로메테우스가 인간에게 더 소중하고 훌륭한 신이라고 예찬하는 이야기도 아니고, 제우스는 인간을 사랑할 줄 모르는 폭군과도 같은 신이라고 고발하는 이야기도 아닙니다. 실은 도리어 그 반대지요.

프로메테우스 신화에 따르면 인간으로 하여금 단순한 생존을 넘어 진정 훌륭한 인격체가 될 가능성을 지니게 만든 신은 바로 제우스이니까요. 게다가 프로메테우스 신화는 인간이란 훌륭한 인격체가 되기 위해 노력하지 않는다면 결국 멸망할 수밖에 없는 존재라는 것을 알려줍니다. 달리 말하면, 기술은 인간의 생존을 위한 필요조건이기는 하지만 결코 충분조건은 아니라는 뜻입니다. 그렇다면 생존하기 위해 인간에게 필요한 것은 또 무엇이 있을까요? 우선 프로메테우스 신화를 좀 더 살펴보기로 합시다.

처음 인간은 프로메테우스가 가져다준 불 덕분에 다른 동물들과의 경쟁에서 이기고 잘 살 수 있었습니다. 하지만 조금 시간이 지나자 또 다른 위기가 인간을 찾아왔습니다. 기술을 통해 단순한 생존을 넘어 풍요로운 삶을 영위할 수 있게 되자 인간의 마음속에는 권력과 부를 많이 차지하려는 욕심이 생겨났던 것입니다. 그 때문에 인간세계에서는 다툼이 일어나게 되었고, 처음에는 적은 규모로 일어났던 다툼은 시간이 지날수록 점점 더 커지고 또 잔인해졌습니다. 결국 모든 인간들이 끔찍한 죽음의 두려움을 느끼며 살아야 했습니다.

제우스 역시 그렇게 생각했습니다. 제우스가 보기에도 기술적 지성이 인간의 마음속에 불러일으킨 욕망과 의지는 결국 인간 스스로 인간 자신을 멸망시키는 결과로 이어질 수밖에 없었습니다. 이번엔 제우스가 인간을 불쌍히 여겼습니다. 제우스는 사람들이 다툼을 그치고 서로 화목하게 잘 살 수 있게 인간들에게 선물을 하나 주었습니다. 그 선물의 이름은 바로 '정의를 사랑하는 마음'입니다. 제우스가 인간에게 준 '정의를 사랑하는 마음' 덕분에 사람들은 싸움을 그치고 서로 평화롭게 살 수 있었습니다. 결국 프로메테우스의 불은 인간이 살아가는 데 꼭 필요한 것이었지만, 정의를 사랑하는 마음이 없으면 무용한 것이었습니다.

누구에게나 있는 권리

누가 진짜 나쁜 사람일까?

프로메테우스와 제우스의 이야기는 인간의 마음은 선할 수도 있고 악할 수도 있다는 것을 이야기해 줍니다. 인간에게 정의를 사랑하는 마음이 있다는 건 물론 인간의 마음이 선하다는 걸 뜻합니다. 하지만 인간에게 정의를 사랑하는 마음이 필요한 이유는 인간이 악해질 수 있기 때문입니다. 권력과 부를 향한 욕심 때문에 다른 이들에게 폭력을 휘두르고 심지어 죽이기까지 하려는 나쁜 마음이 인간을 지배할 수도 있습니다. 인간은 정의를 사랑하는 마음이 없이는 잘 살 수가 없다는 뜻입니다.

여러분은 어떻게 생각하나요? 인간의 마음은 선할까요, 악할까요? 사실 이런 질문에는 인간의 마음은 선할 수도 있고 악할 수도 있다는 애매한 대답밖에는 할 수 없습니다. 세상에는 악한 사람들도 많이 있고, 그런 사람들을 보면 인간의 마음은 원래 악한 것이 아닐까 의심이 듭니다. 하지만 세상에는 다른 사람들을 위해 기꺼이 자신을 희생할 줄 아는 훌륭한 사람들도 많습니다. 물론 그런 사람들 역시 우리와 똑같은 인간입니다. 그러니 섣불리 '인간의 마음은 본질적으로 악하다'고 생각하는 것도 온당한 일은 아닐 것입니다.

그런데 악한 마음이란 도대체 어떤 것일까요? 제일 간단한 답은 다른 사람들을 아무 정당한 이유 없이 희생시키려는 마음입니다. 자기 혼자 잘 먹고 잘 살려고 다른 사람들이야 죽든 말든 상관하지 않는 마음을 말합니다. 그런 마음은 분명 악한 마음입니다. 하지만 모든 악한 마음들이 이와 유사한 것은 아닙니다. 가령 너무 난폭해서 친구가 하나도 없는 경우를 생각해볼까요? 이 친구에게는 사납고 폭력적인 마음이 있기에 선하다고 할 수 없습니다. 하지만 그 아이가 자신에게 친구가 없는 이유가 자신이 난폭해서라는 것을 알고 있다면, 그리고 자신이 친구가 없어 너무 외롭다고 느낀다면, 그 아이가 휘두르는 폭력이 꼭 자신만을 위한 것이라고 말할 수는 없습니다.

이와 마찬가지로 세상에는 자기도 모르게 폭력을 휘두르는 사람들이 많습니다. 또, 자기가 휘두르는 폭력 때문에 다른 사람들이 자기를 싫어한다는 것을 알고 후회하면서도 사소한 일을 참지 못하고 또 폭력을 휘두르는 사람들도 많습니다. 그러한 사람들의 마음은 분명 악하지만 그 마음은 분명 자기 혼자 잘 먹고 잘 살려고 다른 사람들이야 죽든 말든 상관하지 않는 마음과는 다릅니다. 사람들은 때로 자신의 마음이 악하다는 것을 알고 또 그 악한 마음으로 인해 누구보다도 우선 자기 자신이 고통을 겪게 된다는 사실을 알면서도 악한 마음을 버릴 수 없다는 뜻입니다.

또 특별한 이유도 없이 왕따를 당하다 반 친구들을 모두 미워하게 된 아이의 마음은 어떨까요? 사람을 미워하는 마음은 물론 악한 마음입니다. 하지만 이것 역시 혼자 잘 먹고 잘 살려는 마음

누구에게나 있는 권리

과는 분명 다르죠. 사람들을 미워한다고 자신이 행복해지는 건 결코 아니기 때문입니다.

자기만 잘 살려는 마음, 혼자 잘 먹고 잘 살려고 다른 사람들이야 죽든 말든 상관하지 않는 마음은 물론 나쁜 마음입니다. 하지만 모든 나쁜 마음이 다 그런 것은 아닙니다. 다른 사람들과 친근한 관계를 맺고 또 서로 사랑하지 않으면 행복해질 수 없다고 생각하면서도 우린 때로 우리 안의 폭력이나 증오를 다스릴 수 없습니다. 우린 자기만 잘 살겠다고 나쁜 마음을 품기도 하지만 때로는 나쁜 마음을 버리지 않으면 자기가 불행해지리라는 것을 알면서도 버리지 못한다는 뜻입니다.

철학자들 중엔 인간은 원래 악하고 이기적이어서 그냥 내버려 두면 다른 사람들에게 고통을 주는 일도 서슴지 않고 해버리는 나쁜 동물이라고 생각하는 사람들이 있습니다. 이러한 사람들이 주장하는 이론을 '성악설'★ 이라고 부릅니다. 성악설을 지지하는 사람들은 대개 나쁜 마음은 결국 자기만 잘 살려는 이기적인 마음에

★**성악설** 고대 중국의 사상가인 순자가 주창한 학설로서 사람의 타고난 본성이 이기적이고 악하다고 여긴다. 서양에도 토마스 홉스처럼 성악설의 입장을 지닌 사상가들이 있었다. 하지만 서양의 성악설이 인간의 이기심과 악함을 변하지 않는 본질처럼 여기는 데 반해서 순자의 성악설은 좋은 사회적 여건의 조성과 교육 등을 통해 인간이 선해질 수 있다고 본다. 즉 순자는 외부의 가르침이나 예의에 의해 이루어지는 후천적 인격 수양을 통해 인간의 품성을 개량할 수 있다는 점을 강조한 것이다.

인권

서 비롯되는 것이라고 생각하지요. 하지만 인간은 원래 착한 마음과 더불어 태어난다고 생각하는 철학자들도 있습니다. 이런 사람들이 주장한 이론은 '성선설'★ 이라고 부릅니다. 성선설은 사람들의 마음이 늘 착한 상태에 있다고 생각하진 않습니다. 성선설을 지지하는 사람들도 인간의 마음이 악할 수 있다는 것을 아주 잘 알고 있지요. 성선설은 다른 사람들과 서로 사랑하며 정의롭고 올바른 삶을 살아가지 않는 한 누구도 참다운 행복을 맛볼 수가 없다고 말합니다. 모든 사람들은 원래 정의와 선의를 사랑하지만 욕심으로 인해 그것이 흐려졌다고 생각하는 것입니다. 성선설에 따르면 선한 마음이 인간에게서 아주 없어질 수는 없습니다. 친구든 연인이든 다른 사람과 서로 사랑하지 않으면 인간은 행복해질 수 없기 때문입니다.

★ 성선설   고대 중국의 철학자 맹자가 주창한 학설로 인간은 나면서부터 선한 본성을 지닌다고 보는 입장이다. 성선설 역시 인간이 악한 상태에 빠질 수 있음을 부정하지는 않는다. 하지만 성선설에 따르면 인간은 덕과 선이 무엇인지 마음으로 이해할 수 있으며, 그것은 오직 인간이 선한 본성을 타고나는 경우에만 가능한 것이다. 인간의 본성이 이기적이고 악하다고 여기는 순자의 성악설이 후천적 인격 수양을 강조하는 데 비해, 맹자의 성선설은 인간이 선천적으로 타고나는 인성을 갈고닦을 것을 강조한다고 볼 수 있다.

누구에게나 있는 권리

정의로움을 사랑하는 마음

인간의 마음은 원래 선하지만 욕심으로 인해 흐려져 악한 마음이 생겼다는 생각은 우리에게 많은 깨달음을 줍니다. 우리는 다른 사람들과 서로 사랑하는 친근한 사이일 때 더욱 행복할 수 있습니다. 행복한 부부는 남편과 아내가 서로에게 욕심을 부리지 않는 부부입니다. 서로에게 욕심을 너무 많이 내는 부부는 불행해지기 쉽지요. 마찬가지로 부모가 자식에게, 혹은 자식이 부모에게 너무 많은 욕심을 부리는 가족 역시 불행해지기 쉽습니다. 욕심으로 인해 서로가 서로에게 심한 부담을 안겨주기 때문입니다. 친구관계도 마찬가지입니다. 서로에게 자기의 욕심만 앞세우는 사이는 친구 사이가 아닙니다. 그러니 함께 우정을 나눌 친구가 없는 사람은 행복하지 못한 사람입니다. 서로 욕심만 부리다 사이가 멀어진 부부나 부모·자식 역시 결코 행복하다고 할 수 없지요. 돈이 아무리 많아도 누군가 자기를 사랑하고 친근하게 대하지 않는다면 사람은 불행해지기 마련이니까요. 그렇다면 행복해지기 위해서라도 우린 서로에게 욕심만 부려서는 안 될 것입니다. 다른 사람들을 공평하고 선한 마음으로 대할 줄 모르고 자기의 이익만 앞세우는 사람을 진심으로 사랑할 수 있는 사람은 별로 없을 테니까요.

하지만 불행하게도 사람들은 자신과 가까운 사람들에게는 공평하고 선하지만 먼 사람들에게는 그렇지 못한 경우가 많습니다.

인권

사실 이 세상의 많은 불행한 일들은 사람들이 자신과 사적인 인연이 없는 사람들에게 공평하지 못했을 때 일어나기도 합니다. 사람들이 자신과 사적인 인연이 있는 사람은 선하게 대하면서 그렇지 않은 사람은 악하게 대할 수 있음을 가장 잘 알려주는 예가 있지요. 바로 노예제도입니다.

옛날부터 세상에는 노예로 사는 사람들이 있었습니다. 옛 로마나 원나라 같은 대제국들은 전쟁에서 패한 이민족들을 붙잡아다가 노예로 삼았지요. 어디 그뿐인가요? 조선시대 우리 조상들 가운데서도 노비로 살던 이들이 많이 있었지요. 이민족뿐만 아니라 같은 나라 사람들을 노예로 삼는 경우가 과거에는 아주 비일비재했답니다. 불행하게도 세상에는 아직도 노예나 다름없이 살고 있는 사람들이 많아요.

다른 사람들을 노예로 부리거나 노예제도에 관대했던 사람들은 물론 공평하지 못한 사람들입니다. 하지만 그런 사람들도 자신의 가족과 친구들 사이에서는 공평한 마음을 지닐 수 있습니다. 자기들끼리는 서로 공평하고 또 그 덕분에 행복한 생활을 하지만 다른 사람들의 불행에는 눈을 감는 사람들이 세상에는 얼마든지 있을 수 있다는 것입니다.

다시 한번 프로메테우스의 이야기로 돌아가보겠습니다. 인간들 사이에 끊임없이 다툼이 일어나자 제우스는 인간에게 '정의를 사랑하는 마음'을 선물로 주었습니다. 그런데 그렇게 다툼을 벌였

누구에게나 있는 권리

던 사람들도 대개 누군가에게는 소중한 부모이거나 자식, 형제자매였을 것입니다. 서로 사랑하면 서로에게 큰 욕심을 부리지 않게 됩니다. 친구를 사랑하면서 동시에 친구에게서 돈만 뜯어낼 수 없고, 부모나 자식을 사랑하면서 부모와 자식에게서 돈만 바랄 수는 없는 법입니다.

그렇다면 정의를 사랑하는 마음은 자신과 가까운 가족이나 친구들을 사랑하는 것 이상의 마음일 수밖에 없습니다. 즉 나와 친한 사람이 아니라도 함부로 대해서는 안 된다고 생각할 때 우리는 정의를 사랑하는 사람이 될 수 있다는 것입니다.

금권과 인권

정의를 사랑하는 사람은 누구에게나 공평합니다. 자신과 가깝지 않은 사람도 부당한 대접을 받지 않게 잘 배려할 줄 아는 사람이 정의로운 사람이라는 뜻입니다. 그런데 공평함이란 무엇일까요? 쉽게 말하면 착한 일을 한 사람은 상을, 나쁜 일을 한 사람은 벌을 받도록 하는 것이 공평하다고 할 수 있지요. 이것은 분명 올바른 생각입니다. 올바른 사회질서가 확립되려면 착한 일을 한 사람은 상을 받고 나쁜 일을 한 사람은 벌을 받도록 만들어야만 합니다. 우리는 약한 자가 강한 자의 폭력을 별다른 저항도 없이 수

동적으로 감내하는 일이 법과 도덕을 함부로 무시하려는 자들을 효과적으로 제어하지 못할 때 일어나는 일임을 확인했습니다. 이러한 사실을 분명히 하는 일은 좋은 사회를 만들기 위해 정말 중요합니다.

물론 때로는 한 사회를 지배하는 법과 도덕이 사회적 약자에 대한 강자의 폭력을 조장하기도 합니다. 어떤 의미에서는 이 세상에 존재하는 모든 법과 도덕이 다 그런 면을 지니고 있을지도 모릅니다. 법과 도덕 역시 인간이 만들어나가는 것일 수밖에 없는데 인간의 손에 의해 생겨난 것은 어느 것이든지 완벽할 수 없기 때문이지요. 불합리한 법과 도덕을 개선하기 위해서라도 우리는 착한 일을 한 사람은 상을, 나쁜 일을 한 사람은 벌을 받는 것이 공평하다는 원칙을 분명히 확립해두어야만 합니다.

하지만 이러한 원칙의 확립은 세상이 공평해지는 데 필요한 한 가지 조건일 뿐입니다. 공평함은 상벌의 원칙 외에 누구도 침해할 수 없는 인간의 기본적 권리의 확립을 전제합니다. 기본적 인권이 전제되지 않은 상벌의 원칙은 때로 세상을 더 공평하지 못한 곳으로 만들어버릴 수 있습니다. 무슨 말인지 잘 이해가 가지 않는다고요?

노예제도에 대해 다시 생각해봅시다. 노예제도는 불공평한 제도입니다. 그런데 희한하게도 노예제도는 나름대로 정의와 공평의 이념을 바탕에 두고 있습니다. 모든 사람들이 동의할 수 없더라도

저 나름의 정의와 공평함을
추구하지 않는 제도란 없기 때문입니다.

　　예컨대 오늘날의 민주주의적 관점에서 보면 대단히 불공평하
게 여겨지는 옛 신분제조차 실은 저 나름의 정의와 공평함을 추
구했습니다. 물론 여기서의 공평함은 '신분의 차이'를 전제로 하는
공평함이라는 점에서 우리가 알고 있는 공평함과는 다릅니다. 신
분제를 지지하던 사람들은 높은 신분을 지닌 자에게는 많은 권리
를 주고 낮은 신분을 지닌 자에게는 적은 권리만을 주는 것이 각
각의 타고난 분수에 맞는 정의롭고 공평한 일이라고 생각했다는
뜻입니다.

　　노예제도 역시 이 점에서는 마찬가지였죠. 노예제도는 '노예
로 살아 마땅한 사람들이 있다'는 신념에 의해 생겨나고 또 지속했
습니다. 그런데 만약 노예로 살아 마땅한 사람들이 있다면 그러한
사람들을 노예로 살게 하는 일은 정의롭고 공평한 일이 되는 셈입
니다. 그렇지 않다면 이러한 일은 결코 '마땅한' 일일 수 없으니까
요. 그렇다면 이 세상에 '노예로 살아 마땅한 사람들이 있다'는 생

각은 어떻게
생겨난 것일까요?

　　노예가 생기는 가장 단순한 이유는 폭력 때문입니다. 강한 사람이 약한 사람을, 혹은 강한 국가의 국민들이 약한 나라의 국민들을 무력으로 제압한 뒤 노예로 삼는 것입니다. 이런 식으로 노예를 만드는 일은 물론 공평함과는 아무런 상관이 없습니다. 그런데 때로 노예는 법적인 의미에서의 공평함을 빌미로 생겨나기도 합니다. 예를 들어 아주 오랜 옛날부터 세상에는 빚으로 인해 노예가 되는 사람들이 있었어요. 알려진 법들 중 가장 오래된 법은 메소포타미아 지역의 고대 왕국이었던 바빌로니아의 왕 함무라비의 법전입니다. 함무라비 법전*의 기본 원칙은 아주 간단합니다. 그것은 누군가 다른 사람을 때린 사람은 자신도 맞아야 하고 다른 사람을 죽인 사람은 자신도 죽어야 한다는 생각입니다. 한마디로 '눈에는 눈, 이에는 이'가 함무라비 법전의 원칙입니다.

겉으로 보기에 이 원칙은 정말 공평한 것처럼 보입니다. 사람들끼리 잘 어울려 살기 위해서는 꼭 필요한 원칙처럼 여겨지기도 합니다. 남들에게 나쁜 일을 해도 자기는 나쁜 일을 당하지 않을 거라고 생각하면 나쁜 일을 하고 싶은 유혹을 이겨내기가 쉽지 않을 테니까요. 하지만 이 원칙은 나쁜 일을 하지 않은 사람이라도 합법적으로 노예가 될 수 있게 하는 무서운 원칙이기도 했습니다.

생활이 곤란해지면 때로 우리는 다른 사람에게서 돈을 빌리기도 합니다. 그런데 돈을 빌리고 난 뒤에도 생활이 어려워 그 돈을 도저히 갚을 수 없게 된다면 어떻게 해야 할까요? 빚이 아주 많지 않다면 돈을 빌려준 사람에게 일을 해서 갚을 수도 있습니다. 하지만 아무리 일을 해도 갚을 수 없을 만큼 큰 빚을 졌다면 어떻게 해야만 할까요?

왕, 귀족, 평민과 천민 등 사람들이 높고 낮은 신분으로 나뉘어져 있던 옛날에는 그런 사람들을 흔히 노예로 삼았습니다. 사람들은 그런 일이 공평한 일이라고 믿었고요. 남의 돈을 빌린 뒤 갚을 수 없다면 노예가 되어서라도 그 빚을 갚아야만 한다고 생각했

★ **함무라비 법전**　고대 바빌로니아 제1왕조의 제6대 왕인 함무라비왕(재위 BC 1792~BC 1750)이 그의 만년인 BC 17년50경의 성문법. 계급적 법제도·신판神判·동해보복형同害報復刑(탈리오의 법칙: 눈에는 눈, 이에는 이) 등 고대적 잔재가 남아 있으나, 농업사회의 법 이외에 운송·중개 등 상사규정까지 포함되어 있다. 또 실체법 규정, 특히 사법私法 규정이 대부분이어서 절차적 규정이 극히 적은 점, 종교적 색채의 규정이 적은 점 등이 고대법보다 진보된 내용이다.

던 것입니다.

하지만 오늘날엔 이것이 공평하다고 생각하는 사람들이 많지 않습니다. 특히 대개의 민주주의 국가들은 어떤 경우에도 사람을 노예로 만드는 일을 엄격하게 금지합니다. 왜 그런 것일까요? 그건 사람은 누구나 태어날 때부터 다른 사람들로부터 차별을 받지 않으면서 평등하고도 자유롭게 살아갈 권리가 있기 때문입니다.

빚을 진 사람을 노예로 만들어도 좋다는 생각은 돈의 권리를 앞세우는 생각입니다. 하지만 모든 사람이 평등하고도 자유롭게 살아갈 권리는 돈의 권리보다 훨씬 더 소중합니다. 사람의 권리는 돈의 권리와는 비교할 수도 없을 만큼 귀하기 때문입니다. 그렇다면 어떤 경우에도 돈 때문에 사람을 노예로 만드는 일은 허용될 수 없습니다. 그것은 셰익스피어의 희곡 《베니스의 상인》에 나오는 이야기처럼 돈을 빌미로 사람의 살을 칼로 도려내겠다는 악한 계약이 합법적인 계약으로 인정될 수 없는 것과도 같습니다.

공평함은 상벌의 원칙과 기본적 인권이 올바로 확립될 때 비로소 지켜질 수 있습니다. 기본적 인권을 무시하고 기계적인 상벌의 원칙만 강조하는 사람은 돈을 빌미로 사람의 살을 칼로 도려내는 일도 허용된다고 생각하는 사람과 별반 다르지 않습니다.

기본적인 인권 확립을 위해
필요한 것들

정의를 사랑하는 마음은 나와 가까운 사람의 권리뿐 아니라 모든 사람들의 권리를 존중하는 것입니다. 정의를 사랑하는 사람은 모든 사람의 권리가 침해되지 않도록 배려할 줄 안다는 것입니다. 그런데 모든 사람의 권리가 침해되지 않으려면 우리는 무엇을 해야만 할까요?

첫째, 우리는 원칙 없이 행해지는 모든 폭력에 단호히 반대해야 합니다. 원칙 없이 행해지는 폭력은, 그것이 공권력에 의해 자행되든 개인에 의해 자행되든 상관없이, 폭력을 당하는 사람의 기본적인 인권을 침해하는 일이 되기 때문입니다.

둘째, 경제적으로 많이 어려워서 끼니를 해결할 수 없거나 하루 종일 일하지 않으면 먹고살 수 없는 사람들의 고통을 해결할 제도적 장치를 마련하기 위해 늘 힘써야 합니다. 늘 일을 해도 겨우 먹고살 수 있는 사람들은 사실 노예와 다름없기 때문입니다.

셋째, 올바르고 공평하게 생각하는 법을 배워야 하겠죠. 정의를 사랑하는 마음으로 올바르고 공평하게 생각하려 노력하지 않으면 자신의 말과 행동이 다른 사람의 권리를 침해하는 것인지조차 잘 알 수 없게 되고 말테니까요. 올바르고 공평하게 생각하는 법을 배운 사람은 자신의 욕심만을 앞세우거나 다른 사람이 자기 마음

인권

에 들지 않는다고 해서 함부로 대하지 않습니다. 바로 이런 마음들이 우리로 하여금 모든 사람들의 권리를 존중할 줄 아는 정의로운 사람으로 만들어줍니다.

넷째, 모든 사람들을 사랑하는 법을 배워야 합니다. 모든 사람들을 사랑하는 사람만이 모든 사람들의 권리를 지키기 위해 애쓸 것이기 때문입니다. 아마 이렇게 말하면 신이 아닌 다음에야 누구도 모든 사람들을 사랑할 수는 없는 법이라고 따지실 분들도 있을지 모르겠습니다. 우리는 모든 사람들을 내 형제와 부모에게 하듯이 사랑할 수는 없습니다. 하지만 낯선 사람이 길을 물을 때 귀찮아하지 않고 상냥하고 친절하게 길을 가르쳐줄 정도의 상냥함 정도는 누구라도 마음 한구석에 간직하고 있는 법입니다. 그러한 사람들은 이미 모든 사람들을 사랑하려 노력할 수 있는 선한 마음의 소유자입니다. 타인을 사랑하는 선한 마음이 없다면 아무 이익도 구하지 않고 상냥해지거나 친절해질 수 없기 때문입니다.

어쩌면 우리는 이미 모든 사람들을 사랑하고 있는지도 모릅니다. 이 세상의 모든 사람들은 다 누군가에게는 소중한 자식이요, 부모요, 형제자매라는 것을 잘 알고 있기 때문입니다. 아니, 비록 우리는 순간순간의 욕심과 두려움 때문에 우리 안에 감추어져 있는 그 커다란 사랑을 보지 못하지만 우리 안에는 분명 신과도 같은 사랑이 씨앗처럼 심겨져 있습니다. 우리는 분명 누군가를 사랑할 수 있고, 사랑할 수 있는 자는 누구나 정의와 공평함의 참된 의

241

미를 헤아릴 수 있기 때문입니다.

　우리는 누구나 정의를 사랑하고 또 실천할 준비를 갖추고 있습니다. 다만 우리는 모든 사람들을 향한 우리의 사랑이 활짝 꽃을 피울 수 있도록 그 사랑을 소중히 가꾸는 법을 배워야만 합니다.

청소년을 위한 맹자

황광욱 지음
두리미디어, 2009

이 책은 성선설의 주창자인 맹자의 사상을 쉽게 설명한
다. 인권에 대한 의식은 '인간이란 긍정될 가치가 있는 아
름답고 선한 존재'라는 믿음을 전제로 할 수밖에 없다. 인
권도 결국 사람들의 마음속에 서로를 향한 인간애가 깃들
어 있을 때 지켜질 수 있기 때문이다. 이런 점에서 인간의
근원적 선함에 대한 긍정을 전제로, 통치의 이념을 주창
한 맹자의 사상은 청소년들의 인권의식을 고취하는 데 있
어 대단히 중요하다.

에밀

장 자크 루소 지음
김중현 옮김
한길사, 2003

이 책은 프랑스혁명의 아버지로 불리는 루소의 교육 이념
을 담고 있는 소설이다. 루소는 이 책에서 아이들에게 어
떤 형식적 규범을 강제하기보다 아이들의 자연적인 천성
과 감성을 최대한 존중하는 자율적 교육을 시행할 것을
역설한다. 인권의 목적은 인간의 자유를 증진하는 데 있
다는 점에서 《에밀》은 인권에 대한 올바른 이해에 크게
기여할 수 있는 책이다.

**청소년
인권 수첩**

크리스티네 슐츠-
라이스·공현 지음
안미라 옮김
양철북, 2010

이 책은 인권의 문제를 개인의 자유 및 인류 공동체 등 다
양한 관점들과 연결시켜 다룬다. 이 책의 최대 장점은 전
통적 시각에서 탈피해 새로운 세대의 자기성찰을 바탕으
로 출발한다는 점이다. 이 책은 청소년들이 교육 받을 권
리, 언론의 자유, 개인적 자유 및 집단적 자유 등이 인권의
확립을 위해 왜 중요한지 구체적으로 이해할 수 있도록 돕
는다.

누구에게나 있는 권리

함께 읽으면 좋은책

소크라테스의 변명

플라톤 지음
황문수 옮김
문예출판사, 1999

소크라테스는 이론적 진리가 아닌 개인의 인격적 자기완성과 공공의 선을 위해 실천하며 살았던 인물이다. 이 책은 아테네의 젊은이들을 타락시켰다는 누명을 쓰고 부당한 재판을 당한 끝에 사형선고를 받은 소크라테스의 자기변론을 담고 있다. 이 책을 읽으며 청소년들은 훌륭한 인간이 되기 위해 정의와 선에 걸맞은 삶을 사는 것이 왜 중요한지, 그러한 삶을 위해 올바르게 사고할 수 있는 능력이 왜 필요한지 이해할 수 있게 될 것이다.

사회계약론

장 자크 루소 지음
김중현 옮김
펭귄클래식코리아, 2010

루소 이전에 '사회계약론'은 대체로 이기적인 야만인들이 공존하기 위해 상호계약을 맺으며 사회생활을 시작했다는 관점에서 출발했다. 이에 반해 루소는 인간의 사회화 과정에서 악이 비롯되었으며 공공선의 추구와 사회악의 역동적 관계 속에서 인간의 사회적 삶을 고찰할 것을 제시한다. 이 책은 한 개인의 권리 증진이 사회 전체 구성원들의 권리증진과 분리될 수 없다고 말한다.

리바이어던

토마스 홉스 지음
최공웅·최진원 옮김
동서문화사, 2009

홉스는 성악설을 주창한 학자로 알려져 있다. 그는 자신의 생명을 지키기 위해 싸울 수 있는 개개인의 권리를 긍정한 인물이기도 하다. 그런 점에서 현대 민주주의 정치 이념을 형성하는 데 큰 영향을 끼쳤다고 할 수 있다. 사회 전체의 선을 위해서도 희생될 수 없는 개인의 절대적 권리가 있다는 그의 생각은 오랫동안 인류를 지배해온 신분제적 사고에 대항하는 강력한 무기였다.

인권

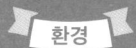

환경

지구에서
더불어
사는 법

홍경자

99

지금이 '끝'이 아니에요.

'끝'은 새로운 시작의 '도약판'입니다.

끊임없이 자기를 넘어서려는

'용기'와 '열정'을 가져 보세요.

저는 사실 환경문제에 관심이 없었어요. 부모님이 "환경 생각해서 분리수거 좀 하라"라고 하실 때마다 분리수거 좀 한다고 무슨 환경이 보호되냐고 투덜대기도 했고요. 그런데 몇 년 전, 일본에서 방사능 누출 사건이 있었잖아요. 최근까지도 방사능 오염수가 바다에 버려지고 있다고 하고요. 인터넷에 찾아보니, 후쿠시마에서 백혈병에 걸린 사람 이야기며, 괴상한 모습으로 피어난 해바라기 사진이 검색되더라고요. 정말 무섭다는 생각이 들었습니다. 걱정도 되더라고요. '내가 할 수 있는 일은 없을까?' 하는 생각도 들었고요. 부모님 말씀대로 분리수거와 재활용을 하면 환경이 정말 보호되긴 하는 걸까요? 과학을 빨리 더 발달시켜서 이런 오염 물질을 없애는 방법은 없을까요?

자연과 하나로 이어진 우리 몸

환경에 대해 이야기할 때 제일 먼저 떠오르는 것이 무엇인가요? 물론 여러 가지가 있겠지만 아마도 자연과 하나로 이어진 내

지구에서 더불어 사는 법

몸이 먼저 생각나지 않나요? 왜냐고요? 내 몸은 먹고살기 위해서 끊임없이 자연으로부터 무언가를 얻어서 하루에 필요한 에너지를 얻기 때문이지요. 숨을 쉴 때 필요한 공기도, 마시는 물도 자연으로부터 얻은 것이랍니다. 이렇게 자연으로부터 먹을 것, 마실 것, 숨 쉬는 것 등을 얻어서 내 몸이 만들어집니다. 그런데 자연을 이루는 물, 공기 그리고 땅이 오염되었다면 내 몸은 어떻게 될까요? 아마도 자연과 유기적으로 연결된 내 몸 또한 망가지는 건 시간문제겠지요. 왜냐하면 내 몸을 해롭게 하는 것들은 어느 사이엔가 내 몸에 차곡차곡 쌓여 무서운 병을 일으킬 테니까요. 그런데 어떻게 이런 일이 가능하냐고요?

원래 자연에 있던 것들, 예를 들면 독이나 병균, 미생물 등이

내 몸에 들어오면, 내 몸은 그것들을 구토나 설사, 발열 등으로 물리쳐 면역력을 만듭니다. 그래서 내 몸을 필사적으로 지키려고 하지요. 그런데 언제부터인가 사람들은 자연에 없는 수많은 것들을 만들기 시작했어요. 사람들이 만들어낸 자연에 원래 없던 인공적인 것들 중에는 우리 몸을 해롭게 만드는 것들이 많이 있습니다. 대표적으로 합성세제나 농약, 살충제, 다이옥신, 방부제, 향료, 자동차 배기가스, 공장에서 나오는 매연 등을 들 수 있지요. 유독 화학물질이나 화학약품들이 내 몸 안에 들어오면, 해로운 물질들은 몸 바깥으로 배출되지 못하고 오히려 내 몸 안에 조금씩 쌓이게 되지요. 결국 그것이 원인이 되어 병이 생깁니다. 물론 물고기와 같은 생물의 몸에도 나쁜 물질들이 조금씩 쌓이고, 채소 또한 오염되겠지요. 오염된 물고기와 채소를 우리가 먹으면 우리의 몸에도 고스란히 중금속이 쌓이게 되고요.

결국 자연의 세계는 돌고 도는 것입니다. 그러니 사람이 환경을 파괴하면 그 결과는 반드시 부메랑이 되어 우리 몸으로 되돌아옵니다. 공장에서 나오는 매연과 유독가스로 인한 대기오염, 폐수로 인한 하천오염, 소음 등이 만드는 질병을 우리는 '공해병'이라고 해요. 그런데 더 위험한 것은 공해병을 사람들이 대수롭지 않게 생각한다는 것입니다. 공해병은 당장 사람의 생명을 빼앗는 것은 아니기 때문에 이 질병에 대해 많은 사람들이 소홀하게 생각하지요. 공해병 중에는 수은중독에 의한 미나마타병이라는 것이 있습니다.

이 질병은 공장폐수로 오염된 바다의 어패류를 먹은 사람에게서 나타나지요. 이 질병은 손발이 저리거나 언어장애를 일으키고 시야가 좁아지는 증상을 유발합니다. 심하게는 정신이상 증세를 일으키거나 죽음에 이르기도 합니다. 정말 충격적이지요. 그럼 내 몸을 건강하게 만들기 위해서 우리는 무엇을 어떻게 실천하며 살아야 할까요?

환경철학자인 한스 요나스Hans Jonas(1903~1993)는 그의 책《책임의 원칙Das Prinzip Verantwortung. Versuch einer Ethik für die technologische Zivilisation》에서 내 몸이 건강하기 위해 환경을 보존해야 한다고 말합니다. 그 방법으로 새로운 윤리학의 원리인 '책임의 의무'를 제시하고 있어요. '책임의 의무'가 무엇이냐고요? '책임의 의무'란 사람이 자연에 권력을 함부로 남용했기 때문에 자연과 후손들에 대한 책임을 져야 한다는 의미입니다. 요나스에 따르면 사람을 포함한 모든 생물들의 안위는 전체 생태계의 안정과 균형에 달려 있다고 합니다. 그래서 요나스는 책임을 말할 때, 기술을 부정하지는 않지만 환경문제를 기술적으로만 파악하지는 않습니다. 그는 생태학적 위기를 벗어날 수 있는 방법은 생명에 대한 보편적 관심이라고 말하지요. 자연에 대한 사람의 지나친 승리는 오히려 사람을 위태롭게 만들 수 있다는 생각에서 출발해, 그는 책임의 영역을 사람에서 자연으로까지 확장해야 한다고 말합니다. 그때에만 사람은 자신의 생존을 지켜나갈 수 있다는 것이지요. 물론 이것은 단지 개인적인 책임에만 머물지 않고 사회적으로도 윤리적 책임이 확대되어야겠지요.

우리는 물건 없이 살 수 있을까?

아침에 일어나면 제일 먼저 무엇을 하나요? 추운 겨울이라면 먼저 집안을 따뜻하게 난방할 것이고, 더운 여름이라면 선풍기나 에어컨을 틀겠지요. 그 다음 샤워를 하고 헤어드라이기로 머리를 말리고 믹서기로 만든 과일 주스나 냉장고에 있는 우유를 마시겠지요. 토스트기에 빵을 굽거나 가스렌즈에 된장찌개를 끓여 전기밥솥에 있는 밥을 꺼내 맛있게 아침식사를 할 겁니다. 우리에게 이러한 일상은 너무 자연스러워 당연하게 생각하며 살고 있지는 않나요? 또한 이런 일상이 언제까지나 지속되리라고 생각하며 살고 있지는 않나요? 그런데 어느 날 갑자기 전기나 가스, 석유 같은 에너지가 없어진다면 어떻게 될까요? 아마도 우리는 한 번도 그런 일을 구체적으로 생각해보지 않아서 어쩔 줄 몰라 하며 당황하게 될 겁니다.

몇 년 전, 뉴욕시에서 하루 동안 정전이 된 사건이 있었어요. 전철은 멈추고, 냉장고에서는 아이스크림이 흘러내리고, 텔레비전도 못 보고, 라디오도 못 듣고 컴퓨터게임도 할 수 없었지요. 무엇보다도 밤에는 도시가 칠흑처럼 캄캄했습니다. 직장에서 퇴근한 사람들은 전철을 타지 못해 걸어서 집에 가야만 했어요. 거리는 인파로 흘러넘쳐 그야말로 아비규환이었지요. 병원도 비상이 걸렸어요. 의료도구에 의존해야만 살 수 있는 환자들에게 생명을 위협하는 엄청난 일이었지요. 그 당시 사람들은 물건이 없으면 한시라도 살 수 없다고 불편함을 호소하며 아우성을 쳐댔어요. 우리도 그런 적이 있지요. 도시 전철이 정전되고, 아파트의 전기가 나가서 엘리베이터가 중단되고 추운 겨울에 난방이 들어오지 않고 물도 나오지 않았던 일이요. 이러한 일을 통해 우리는 지나치게 물건을 소비하면서 살며, 자연과는 너무나 먼 삶을 살고 있다는 것을 알게 되었지요. 정말 우리는 물건 없이는 단 한순간도 살 수 없을까요?

사람도 처음에는 다른 생물처럼 자연에서 살았어요. 그런데 물건을 만들기 시작하면서 사람만의 환경을 만들었고, 사람의 생활은 시간이 지날수록 더 편리해졌습니다. 사람이 몇 가지 도구만 가지고 자기가 사는 자연을 변화시켰을 때는 별다른 문제가 없었어요. 그런데 사람들은 욕심을 냈고, 더 많은 새로운 도구를 자꾸자꾸 만들기 원했지요. 그 결과 우리들은 이전과 다른 너무나 편리한 삶을 살게 되었습니다. 세탁기가 빨래를 대신해주고 수도꼭지만 틀면 뜨거운 물이 콸콸 쏟아지고 어디서든지 인터넷 검색이 되고 걸어 다니면서도 텔레비전을 볼 수 있게 되었지요. 더 놀라운 건 1만 미터나 되는 깊은 바다 속이나 이전에는 생각할 수 없었던 달나라에도 이제 갈 수 있게 되었다는 것입니다. 얼음동굴처럼 추운 남극이나 섭씨 40도가 넘는 열대지역에서도 사람들이 살 수 있게 되었지요. 그러다보니 사람은 더 많은 도구를 만들고, 만들어놓은 도구로 또 다른 도구를 계속해서 만들고, 어려운 일이 생길 때마다 모두 도구로 해결하며 살았습니다. 어떤 사람은 이러한 과학기술의 진보가 앞으로도 계속될 것이며 인류를 더 편안하고 행복하게 만들어 줄 것이라고 맹목적으로 믿고 있지요. 설령 과학기술로 인해 환경이 파괴된다고 하더라도 또 다른 도구를 만들어서 환경파괴를 막을 수 있다고 말이죠. 그런데 정말 그럴 수 있을까요?

과학기술의 두 얼굴

과학기술이 정말 사람들이 바라는 대로 모든 문제들을 해결해줄까요? 과학기술은 사람에게 이로운 점과 이롭지 않은 점을 모두 가지고 있습니다. 순기능과 역기능 두 가지 측면을 다 가지고 있는 것이지요. 우선 과학기술의 순기능을 한번 살펴볼까요? 과학기술이 발달하면서 인류는 많은 편리함을 누렸습니다. 아주 오랜 옛날, 사람은 자연 앞에서 약할 수밖에 없었어요. 그래서 어떻게 해서든지 살기 위해 자연을 이용하고 개척할 수밖에 없었지요. 그 과정에서 사람은 간단한 도구를 이용하다가 기계를 만들어 사용하기 시작했습니다. 기술이 더 발달하면서 기계가 자동화되었고, 힘든 일에서 자유로워졌습니다. 그리고 각종 자연재해의 위험으로부터 벗어나기도 하고, 의학기술의 발달로 각종 질병에서 안전하게 되었지요. 뿐만 아니라 유전자조작으로 식량생산을 증대시켜 굶주림에서도 벗어날 수 있게 되었습니다. 그 결과 과학기술은 사람에게 편리하고 쾌적하고 자유로운 생활을 보장해준다고 여겨졌지요.

그러나 과학기술이 모두 다 좋기만 한 것은 아니에요. 과학기술의 역기능에 대해 이야기한 슈마허 F. Schumacher(1911~1977)는 《작은 것이 아름답다 Small is beautiful》(1973)라는 책을 썼습니다. 그에 의하면, 과학은 세계나 우주를 살아 있는 생명체로 보지 않고 단순히 물질과 에너지의 작용에 의해 움직이는 기계적인 조작에 불과한 것으로 보았어요. 이러한 생각 때문에 사람들이 자연을 함부로 하기 시작했다는 것이지요. 그 결과 과학기술은 자연 전체를 파괴할 수 있는 막강한 힘을 가지게 되었다는 겁니다. 무슨 말이냐고요? 과학기술은 생태계 파괴, 에너지자원의 고갈 그리고 환경오염으로 인한 생태학적 위기를 초래했을 뿐만 아니라 자연의 이용과 파괴를 넘어서서 그것을 만들어낸 사람 자신까지도 과학의 대상으로 삼았다는 이야기입니다. 그래서 사람의 수명을 인위적으로 연장하거나 기구나 약물을 통해 사람의 행동을 조종하거나 유전자 조작을 통해 사람의 형질을 바꾸어서 인류의 미래까지도 위협하게 되었어요. 과학기술을 맹신하는 사람들의 지나친 욕심으로 여러 문제들이 생겨났습니다.

지구에서 더불어 사는 법

전 세계적인 자원 고갈, 지구온난화, 오존층 파괴, 핵폐기물 오염 등이 모두 과학기술을 잘못 다루어 생긴 부작용이라 할 수 있습니다. 1990년대에 들어와 지구온난화와 에너지자원의 고갈이 인류문명의 심각한 위협요소로 부각되었지요. 세계 에너지의 대부분을 공급했던 에너지자원 중 석유, 석탄, 천연가스의 매장량은 각각 앞으로 40년, 170년, 65년 정도밖에 사용할 수 없다고 합니다. 전 세계에서 사용되는 에너지자원 중 석유가 차지하는 비중은 35.3퍼센트로 가장 높습니다. 석유 의존도가 높기 때문에 석유 물량이 부족하거나 갑작스럽게 가격이 폭등하게 되면 전 세계가 언제든지 혼란에 빠질 수 있지요.

화석연료의 과도한 사용으로 기후변화도 일어나고 있어요. 19세기 산업화 이후 대기권의 이산화탄소 농도는 계속 증가하여 현재는 당시에 비해 30퍼센트나 더 증가했습니다. 20세기 후반에는 아산화질소, 메탄, 염화불화탄소 등 이산화탄소보다 훨씬 강력한 온실기체들이 급격하게 증가하고 있습니다. 지구의 온난화로 인한 기온 상승은 세계의 기후를 뒤흔들고 있어요. 특히 태평양의 국가들과 아열대 지역 국가들은 해수면이 상승해 큰 피해를 입고 있습니다.

지구온난화로 인해 더욱 심각한 것은 오존층의 파괴입니다. 오존은 산소 원자 세 개로 이루어져 있는데요. 오존층은 태양의 유해한 자외선을 흡수하여 지구상의 생물들을 보호하는 방패 역

환경

할을 합니다. 유해한 광선을 막지 못한다면 생물에 피부암을 유발하거나 발육에 악영향을 미치게 됩니다. 그런데 최근에는 오존층이 파괴되어 사람을 비롯한 지구 생물들의 생활에도 나쁜 영향을 주고 있지요. 오존층 파괴의 원인 물질은 냉장고, 에어컨 등의 냉매나 스프레이 등에 사용되는 프레온가스 등으로 알려져 있습니다.

석유, 석탄, 천연가스의 매장량은 한계가 있고 환경을 심각하게 오염시키기 때문에 새로운 대체에너지 개발이 시급했지요. 대체에너지로 주목받고 있는 것이 바로 원자력에너지입니다. 이 에너지는 위치가 한정되지 않아 지역의 여건을 적게 반영하면서도 에너지 효율성은 무척 뛰어나다고 합니다. 그런데 핵에너지를 이용하면 당연히 생길 수밖에 없는 핵폐기물을 처리하는 문제가 생깁니다. 1960년대 중반까지 핵선진국들은 핵폐기물을 수심이 깊은 바다에 버렸으나 현재는 육지에서 처분합니다. 이렇게 처리된 핵폐기물에서 나오는 방사성 물질은 생태계 위기에 한몫을 하고 있습니다. 바다 밑에 버려진 핵폐기물들은 시간이 지나면서 어패류 등의 먹이사슬을 통해 인체에 심대한 영향을 줄 수 있지요.

과학기술이 우리가 사는 데 꼭 필요한 것이 된 지금, 사람과 과학기술의 관계를 낙관과 비관이라는 단순한 이분법으로 구분하기는 어렵다고 생각해요. 기술공학적 체계를 단순히 거부하거나 혹은 맹목적으로 신뢰하는 두 가지 유형의 극단적 관점을 극복한 새로운 통찰력과 도덕적 상상력이 요구되는 것이지요. 그렇다면 어

지구에서 더불어 사는 법

떻게 달라져야 할까요?

동물의 권리 말하기

피터 싱어Peter Singer(1946~)라는 철학자가 쓴《동물 해방》(김성한 옮김, 연암서가, 2012)이라는 책이 있습니다. 이 책에서 그는 동물을 사육하는 방법, 특히 송아지를 어떻게 키우는가에 대해 자세하게 쓰고 있습니다. 송아지 고기는 말 그대로 어린 소의 고기를 말합니다. 송아지 고기는 연하고 핑크색을 띨 때 그 가치가 올라갑니다. 송아지 고기는 너무 비싸기 때문에 일반적으로 중산층에서는 쉽게 접하기 어렵고 고급 레스토랑이나 미식가의 입맛을 위해 대부분 소비됩니다. 그러니까 순전히 부유한 사람들이나 미식가들의 즐거움을 충족시키기 위해 송아지는 다음과 같은 '공장식 사육'으로 키워지고 있는 것입니다.

우선 송아지는 태어나자마자 어미 소로부터 떨어져, 조그만 축사에 가둬집니다. 고기를 연하게 만들기 위해서죠. 이 축사는 너무너무 비좁아서 송아지가 그 안에서 한 바퀴를 돌 수도 없고, 앉을 수도 없지요. 송아지는 여기서 16주를 보내게 됩니다. 우리가 먹는 일반적인 소고기는 피 안에 철분을 포함하기 때문에 붉은색을 띠는데요. 이 붉은색은 대체로 풀과 건초로부터 얻어지는 것입

환경

니다. 그런데 송아지 고기는 붉은색을 띠지 않고 연한 핑크빛을 띱니다. 사람들이 연한 핑크빛이 도는 송아지 고기를 좋아하기 때문이지요. 그래서 송아지를 키우는 사람들은 붉은색을 막기 위해 송아지가 죽지 않고 겨우 살 수 있을 만큼만 철분을 줍니다. 성장 속도를 빠르게 하면서도 동시에 먹이를 통제하기 위해 분말우유를 액체로 만든 먹이, 비타민, 그리고 성장촉진제를 먹이지요. 이것이 송아지가 16주 동안 먹는 전부입니다. 송아지는 이 먹이를 좋아하지 않아요. 그래서 사람들은 송아지가 먹게 하기 위해 물도 주지 않은 채로, 축사를 덥게 만든다고 합니다. 송아지는 갈증을 해소하기 위해 이 먹이를 먹을 수밖에 없고요. 이런 일에 대해 여러분은 어떻게 생각하나요? 송아지는 사람이 아니고 동물이니까 당연하다고 생각하나요? 단지 연한 고기를 좋아하는 사람에게 팔기 위해 송아지를 학대하는 사육과정을 여러분은 어떻게 생각하나요?

학대받고 있는 건, 송아지뿐만이 아닙니다. 화장품 개발을 위한 동물실험도 소중한 동물들의 목숨을 희생시키고, 고통을 주지요. 쥐에서부터 고릴라에 이르기까지 다양한 동물들이 사람이 누리고자 하는 삶을 위해 동물실험으로 희생되고 있습니다. 동물실험에 대한 단적인 예를 하나 들면 다음과 같습니다. 메릴랜드 주의 베데스다에 있는 미군방사선 생물학 연구소는 붉은털 원숭이들을 큰 바퀴 속에서 뛰도록 훈련시킵니다. 만약 원숭이들이 너무 느리게 뛰면 바로 전기충격을 주기 때문에 원숭이들은 계속해서 뛰지

지구에서 더불어 사는 법

않으면 안 됩니다. 동물실험자는 원숭이들이 오랜 시간 동안 뛰도록 훈련한 후, 원숭이들에게 치사량의 방사선을 쪼였습니다. 그런 다음, 아파하고 구토하는 원숭이들에게 쓰러질 때까지 계속 뛰도록 강요했지요. 이 끔찍한 실험은 핵공격을 받은 후 군인들이 계속해서 싸울 수 있는지 그 능력을 알아보기 위한 것이었습니다.

어떤 사람들은 스포츠나 오락의 대상으로 동물들을 사냥하고 덫을 놓는 잔인한 행위도 주저하지 않습니다. 또, 집에서 기르는 강아지를 함부로 발로 차거나 길거리에서 만난 고양이에게 돌을 던지는 사람들도 있지요. 동물들은 사람과 다르니 고통을 느끼지 않을 거라 생각하나요?

피터 싱어는 동물을 학대하고 죽이는 것이 왜 도덕적으로 옳지 못한가에 대한 이유를 동물도 사람과 똑같이 고통을 느끼기 때문이라고 말합니다. 그리고 동물 또한 고통을 당하지 않을 권리가 있다고 말합니다. 피터 싱어의 공리주의utilitarianism★는 창시자인 벤담J. Bentham(1748~1832)의 주장에서 나온 것이지요. 벤담은 동물이 고통을 당하지 않을 권리가 인정되는 날이 오기를 기대했어요.

이와는 다른 이유에서 동물의 권리를 주장하는 톰 레건Tom Regan(1938~) 같은 철학자도 있습니다. 그는 동물들 또한 자기의 삶을 사는 고유한 가치를 지닌 생명체라고 말합니다. 그들도 우리와 같은 권리를 가진다고요. 그래서 동물에게 나쁜 짓을 해서는 안 될 최소한의 의무가 사람에게 있다는 것이지요.

동물의 권리를 이야기하지 않더라도 동물을 학대하는 것은, 그 사람에게도 좋은 일이 아닙니다. 왜냐하면 동물을 학대하는 사람은 다른 사람의 고통에 냉담한 사람이 될 수 있기 때문이지요. 다른 사람의 고통에 공감하지 않은 사람이 많아진다면 사회는 메마르고 각박해지겠지요. 학교에서 친구를 왕따 시키는 일처럼 폭력도 늘어날 것입니다. 여러분의 생각은 어떤가요?

습관을 바꾸면 세상이 바뀐다

지구가 여러 환경문제로 위기에 처해 있고 동식물과 사람의 생활환경이 점점 나빠지고 있는 시대입니다. 우리가 선택할 수 있는 것은 무엇일까요? 평소의 생활습관을 바꾸고 매 순간 환경을

★ **공리주의** 벤담이 주장한 공리주의는 이해관계가 걸려 있는 당사자들의 행복을 증진시키거나 감소시키는 '유용성'에 따라 어떤 행위의 옳고 그름을 판별할 수 있는 도덕적 기준을 제시한 도덕원리입니다. 싱어는 벤담의 공리주의에 입각해 모든 이익관심은 동등한 대우를 받아야 한다고 주장합니다. 이때 이익관심의 관건은 인지능력의 여부가 아니라 고통을 느끼는 능력의 여부로 결정되어야 한다는 것이지요. 벤담과 마찬가지로 싱어 역시 동물도 고통을 느끼는 존재이므로 이익관심을 가진다고 생각합니다. 싱어는 고통을 느끼는 이 능력을 '유정성sentience'이라 달합니다. 고통을 느끼는 능력을 가진 존재는 최소한의 이익관심, 즉 고통을 당하지 않을 이익관심을 가집니다. 그러므로 싱어의 공리주의는 전체 고통의 양을 최소화하는 윤리이론입니다.

지구에서 더불어 사는 법

생각하는 사람이 되면 세상이 정말 바뀔 수 있을까요? 한 사람 한 사람의 생활습관이 바뀌면, 그래서 개개인들의 생각이나 행동이 달라진다면 세상도 분명 바뀌지 않을까요? 그렇다면 우리는 어떻게 해야 할까요? 이 시대에 필요한 친환경적인 생활습관을 가지고 환경을 생각하며 살아야 하지 않을까요? 환경을 생각하는 사람이란 일상생활 속에서 자연이 더 이상 생산할 수 없는 것을 아껴 쓰고, 자연이 처리할 수 없는 것을 버리지 않는 사람입니다.

환경을 보호하기 위해 우리들은 구체적으로 어떤 생활습관을 버리고 어떤 생활습관을 길러야 할지 살펴봅시다. 그리스시대의 에피쿠로스학파는 절제와 검소함을 통해 로마인들의 사치와 육체적 쾌락을 바로잡고자 했어요. 이와 비슷하게 우리나라에서도 IMF 구제금융 요청 사태 후 불필요한 소비를 줄이자고 만든 운동이 있었답니다. 과소비를 줄이고 검소한 생활을 모토로 하는 '아나바다' 운동이었어요. '아나바다'란 아껴 쓰고 나눠 쓰고 바꿔 쓰고 다시 쓰자는 말의 준말이지요. 물론 아나바다 운동은 지나친 소비를 줄이고자 만든 것이었지요. 하지만 지구를 살리고 환경을 보존하는 일과도 아주 밀접하게 연관되어 있답니다. 아껴 쓰고 나눠 쓰고, 바꿔 쓰고, 다시 쓰는 습관이야말로 환경을 보호하고 자원 고갈을 예방하는 실천 행위로서의 첫 걸음이기 때문이에요. 그렇다면 일상생활에서 무엇을 아나바다 해야 하나요?

우선 마트에서 물건을 살 때 쓰레기가 되지 않는 것, 즉 환경

보호 물건을 선택하는 습관을 기르는 거지요. 내가 선택한 것이 지구를 살릴 수도 있고 죽일 수도 있다는 점을 꼭 기억하면서 물건을 선택해야겠지요. 또한 마트에서 물건을 살 때는 비닐봉투를 사용하지 않고 장바구니를 미리 준비하는 습관을 기르는 것 또한 중요합니다. 둘째, 낭비하면 그만큼 환경이 오염되기 때문에 아껴 쓰는 습관을 길러야 합니다. 예를 들면, 필요 없는 전등을 켜놓지 않고, 세수를 하거나 양치를 할 때 아무 생각 없이 물을 틀어놓지 않는 것이지요. 셋째, 분리수거를 통해 쓰레기를 재활용하는 습관을 기르는 겁니다. 재활용을 하면 어떤 점이 좋을까요? 재활용을 하면 한 번 썼던 물건이나 재료를 다른 제품으로 만들어 다시 사용할 수 있어서 자원낭비를 줄일 수 있어요. 매일 실천하는 습관을 길러 그 누구도 아닌 바로 내가 지구를 구하는 것입니다. 근사한 일이 아닌가요?

지구에서 더불어 사는 법

혼자읽어도좋은책

청소년을 위한 환경교과서

클라우스 퇴퍼·프리데리케 바우어 지음
박종대·이수영 옮김
사계절출판사, 2009.

이 책은 청소년들에게 지구가 처한 상황부터 미래를 바꾸는 방법까지 알기 쉽게 설명하고 있다. 환경문제의 심각성을 알려주고, 환경문제에 호기심과 관심을 가질 수 있도록 돕는다. 청소년들이 환경문제를 남의 문제가 아닌 자신들의 문제로 진지하게 받아들일 수 있도록 길잡이 역할을 하는 책이다.

한스 요나스가 들려주는 환경 이야기

양혜림 지음
자음과모음, 2008

20세기 철학자 한스 요나스가 제시한 책임윤리를 통해 왜 우리가 환경을 소중하게 여겨야 하는지, 왜 미래세대를 위해 우리가 책임 있는 행동을 해야 하는지 그 이유를 쉽게 설명하는 책이다. 요나스는 그의 대표 저서 《책임의 원칙》에서 과학기술이 발달한 현대사회에서 어떤 윤리학이 진정으로 필요한지 진지하게 물으면서 환경문제를 윤리학의 관점에서 어떻게 바라보고 해결해야 할지 그 방안을 제시하고 있다.

피터 싱어가 들려주는 동물해방 이야기

김익현 지음
자음과모음, 2008

이 책은 동물들의 고통을 인간의 고통과 평등하게 생각함으로써 학대와 억압에 저항할 능력이 없는 동물들을 '해방'시켜야 한다고 주장한다. 특히 이 책은 동물해방이 특정 동물 애호가들만의 구호가 아니라 오히려 이러한 동물해방이 진정한 인간해방으로 연결되는 길임을 설득력 있게 제시하고 있다. 이 책은 청소년들로 하여금 동물의 생명에 대한 기존의 사고에서 벗어나 생명 자체에 대한 소중함을 일깨우도록 돕는다.

환경

침묵의 봄

레이첼 카슨 지음
김은령 옮김
에코리브르, 2011.

환경 분야에서 최고의 고전으로 꼽히는 이 책은 20세기에 가장 큰 영향력을 미쳤으며, 현재에도 환경 공부를 할 때 가장 먼저 읽힌다. 특히 무분별한 살충제 사용으로 파괴되는 야생 생물계의 모습을 적나라하게 공개해 큰 충격을 주었다. 이 책은 환경문제에 대한 새로운 대중적 인식을 이끌어내며 정부의 정책 변화와 현대적인 환경운동을 촉발시킨 기폭제가 되었다. 그런 점에서 꼭 읽어봐야 할 필독서이다.

제5의 물결, 녹색 인간

이진우 · 이은주 지음
이담북스, 2009

이 책은 환경과 경제의 위기를 부른 역사적 배경과 디에 대한 철학적 통찰, 현대물리학에 바탕을 둔 세계관을 다루고 있다. 지금의 위기를 설명하고, 그 대안적 길로 '녹색 인간'을 제시한다. 녹색생활을 실천할 수 있도록 물질 중심적 가치관에서 벗어나기 위해 필요한 심리학적, 명상적 실천 방법 등을 제시한다.

생명과 환경의 수수께끼

조홍섭 지음
고즈윈, 2005

이 책은 청소년과 성인 누구나 환경문제에 대해 관심이 있을 때 읽으면 좋다. 우리 사회에 꼭 필요한 화두를 제시하는 새로운 환경 교양서이다. 재미있는 이야기를 통해 생명과 환경문제를 쉽게 설명하고 있는 이 책은 우리가 꼭 알아야 할 환경현안을 제대로 파악할 수 있도록 안내하고 있으며 자연과 더불어 살아가는 데 꼭 필요한 지식들을 고스란히 담고 있다.

지구에서 더불어 사는 법

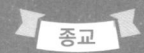

무언가를
믿는다는 것

박일준

,,

꿈은 실현되지 않은 것이기에

현실적으로 아무 것도 아니지만,

그 아무 것도 아닌 것이 결국 현실을 뒤바꾼다.

저희 집 식구들은 여러 가지 종교를 가지고 있습니다. 엄마는 교회를 나가시고요. 할머니는 절에 나가십니다. 고모는 가끔 점집을 찾으시고요. 저도 재미삼아 가끔씩 따라갑니다. 아빠는 종교가 없대요. 죽으면 끝이라고 인생을 즐겨야 한다고 말씀하시죠(그런데 왜 저에겐 자꾸 공부하라고 하시는지 모르겠어요). 주말에 할머니가 왔다 가셨는데요. 절에서 받아온 부적을 방문 위에 붙이시더라고요. 저에게 지갑에 넣을 수 있는 부적도 주셨어요. 액을 막아주고 좋은 운을 들어오게 해준대요. 그날 저녁 헬스장에 갔다 돌아온 엄마가 부적을 보시더니, 그걸 다 떼어버리셨어요. 이런 미신을 믿느냐면서요. 주말이면 할머니가 집에 놀러 오시는데요. 정말이지 저는 돌아오는 주말이 두렵습니다. 이놈의 믿음이 무엇인지 종교가 무엇인지 도통 모르겠어요.

종교란 무엇인가

종교가 무엇인지 한마디로 이야기하기는 참 어렵습니다. 세상에는 불교, 기독교, 유교, 이슬람교 등 다양한 종교들이 있기 때문입니다. 이 종교들은 서로 다른 주장을 하지만 공통점이 없는 것은

무언가를 믿는다는 것

아닙니다. 나는 이 세상에 태어나기 전에는 무엇이었을까, 시간은 언제부터 있었을까, 세상이 있기 전에는 어떠했을까 등 세계의 탄생과 인간의 죽음 그리고 죄와 구원과 같이 쉽게 답할 수 없는 물음들을 묻고 이에 대한 답을 하기 위해 노력합니다. 학교에서 배우는 지식으로는 대답할 수 없는 것들이지요.

또한 대부분의 종교는 '사랑'에 대해 이야기합니다. 이때 사랑은 누군가를 좋아하는 감정을 가리키는 것이 아니라, 다른 사람들의 고통을 함께 느끼고 아파하는 것을 말합니다. 다른 사람들의 아픔에 말없이, 그저 그 사람의 마음 그대로 함께하는 이 감정이 바로 종교의 원천이라 할 수 있습니다. 사랑의 감정 속에서 우리는 모두 가난한 사람이나 부유한 사람이나, 공부를 많이 한 사람이나 적게 한 사람이나, 남자나 여자나, 나이 든 사람이나 적은 사람이나 상관없이 사랑해야 하고 할 수 있어야 한다고 이야기합니다. 왜냐하면 사람은 누구나 아프고 힘들기 때문입니다. 그래서 서로 사랑하면서 이를 치유하고 행복한 삶을 살기 위해 노력합니다.

종교는 또한 어떻게 사는 삶이 가치 있는지 고민과 성찰을 하도록 이끕니다. 우리가 재밌는 것만 하고 살고 싶다거나, 하고 싶은 것만 하고 살고 싶다고 말할 때 부모님들이 '너는 커서 뭐가 되려고 그러니?'라고 물으시곤 하지요. 이런 질문에는 '가치 있는' 인생을 살아야 한다는 생각이 담겨 있습니다. 그리고 이러한 가치를 제공하는 뿌리가 바로 종교입니다. 종교는 우리에게 "사회를 유지시키는 가치관 — 이웃을 사랑하고 평화를 사랑하며 남의 재산을 탐내지 않는 등의 기본적인 가치"를 갖도록 합니다. 그러한 면에서 종교는 "가장 원초적인 가치"를 만든다고 할 수 있습니다.

우리는 무엇을 믿는 것일까?

종교를 믿는다는 것은 무엇을 믿는 것일까요? 우리는 무엇을 믿으며 우리의 삶을 변화시키려고 하는 것일까요? 사실 종교인들이 말하는 신은 눈에 보이지 않습니다. 그래서 사람들은 신을 믿을 수 없다거나, 신이 있다는 것은 거짓이라고 말하기도 합니다. 그런데 앤드류 뉴버그Andrew Newberg(1966~)와 유진 다킬리Eugene d'Aquili(1940~) 같은 과학자들은 눈에 보이지 않는 종교적 믿음이 구체적으로 사람들에게 어떻게 작용하는지 설명하고자 했습니다. 그래서 명상을 하고 있는 티벳 승려들을 대상으로 종교 경험이 실제로 어떻게 이루어지는지를 실험하기도 했지요.

불교명상을 수행하는 수행자들이 소위 '열반의 체험'을 하려는 순간에 미리 손가락에 걸어놓은 실을 잡아당기면, 다른 방에서 대기하고 있던 과학자들이 두뇌를 촬영할 수 있는 카메라를 작동시킵니다. 두뇌의 어느 부위에 피가 많이 모이는지 보려는 것입니다. 피 순환이 활발한 지역은 두뇌 활동이 활발하게 이루어지는 곳

무언가를 믿는다는 것

입니다. 실험 결과 명상의 순간에 들어가면 두뇌의 전두엽의 활동이 활발해지는데 이는 집중력이 높아지는 것을 뜻합니다. 동시에 두정엽 후두부는 휴식에 들어갑니다. 두정엽 후두부의 활동이 정지한다는 것은 곧 나와 나머지 세계를 구분하는 경계가 희미해진다는 것을 의미합니다. 따라서 내가 세계에 집중하는지 세계가 나에게 집중되는지 구분할 수 없는 상태가 됩니다. 이때에는 외부의 자극이 전혀 없기 때문에 마치 나와 세계와 하나가 된 듯한 상태가 되는 것입니다.

이 실험은 종교인들이 말하는 종교적 경험이 적어도 근거가 없는 것은 아님을 말해줍니다. 그러나 이러한 경험이 종교에서 믿음의 대상인 신에 대해 말해주는 것은 아닙니다. 같은 실험을 기독교의 수녀님들을 대상으로도 했다고 합니다. 결과는 같게 나왔지만 수녀님들은 모든 것과 하나 되는 그 상태를 불교처럼 '공의 체험'으로 느끼지 않고, 신과 하나 되는 체험으로 여겼다고 합니다. 똑같은 종교 경험에서 어느 경험이 진짜라고 할 수 있나요? 어쩌면 이 물음에 영원히 답을 못 구할지도 모릅니다.

'왜 종교가 필요한가?'라는 물음은 '우리가 왜 사는가'와 같은 물음과 크게 다르지 않지요. 내가 살아 있는 것은 나의 선택이 아니었지만 그럼에도 불구하고 우리는 이렇게 살아가고 있습니다. 하지만 왜 사느냐는 물음에 답하기는 어렵지요. 마찬가지로 종교가 '왜 필요한가?'라는 질문을 던져도 그에 대한 확실한 답을 구하기는 어려울 것 같아요. 이 세상에는 수많은 종교들이 있고, 사람에 따라 그중 한 종교에 특별히 더 끌림을 느끼며 살아가고 있을 뿐인지도 모릅니다.

종교가 없는 사람들도 많다고요? 종교가 어느 특정 제도의 종교만을 의미하는 것이 아니라면, 축구가 종교인 사람도 있을 것입니다. 축구장에서 경기를 관람하며 응원하는 데에서 삶의 의미와 목적을 가진다면 말이죠. 사람은 그것이 무엇이든 삶의 목적과 의미로 여기는 그 무엇을 필요로 하고, 또 그 무엇을 믿는 힘을 가지고 살아가게 됩니다. 그래서 경우에 따라 모든 것이 다 종교적 믿음의 대상이 될 수 있습니다.

종교가 하는 일

아주 오랜 옛날, 사람들은 자연에서 벌어지는 일들을 이해하기가 어려웠습니다. 가령 천둥이나 번개의 원인을 알 수 없으니 그저 두렵기만 했습니다. 원인을 알면 대처법을 마련할 수 있을 텐데 그럴 수 없으니 두려움의 대상이었던 셈이죠. 그러나 반복되는 지진이나 해일 등의 자연현상을 사람들은 설명하기 시작했습니다. 알 수 없는 일을 가장 손쉽게 설명하는 방식은 하늘이나 신의 뜻으로 돌리는 일입니다. 그래서 불행을 막기 위해서는 하늘이나 신

　　　　　　　　　　　　　　　　무언가를 믿는다는 것

과 같은 성스러운 대상에게 예배를 드려야 한다고 생각했습니다. 사람들은 예배 혹은 제의를 통해 그러한 일을 일으킨 신의 마음을 달래려고 하기도 했습니다.

그러한 면에서 옛사람들은 단순히 '종교를 믿은 것'이 아니라, 세상을 이해하기 위해 그리고 그 세상을 인간에게 유익하게 바꾸기 위해 종교를 가지기 시작한 것이라고 볼 수 있습니다. 그렇다면 종교나 과학은 그리 다르지 않은 것일 수도 있습니다. 과학도 이해할 수 없는 자연현상들을 연구하여 그 이유와 원인을 설명해주고 있기 때문입니다. 하지만 세상을 설명하는 일을 과학이 담당하게 되면서, 종교는 과학과 다른 역할을 하게 되었습니다.

그렇다면 과학과 다른 종교의 역할은 무엇일까요? 진화론을 연구하는 생물학자들은 종교에 대해 뇌과학자들과는 다르게 이야기합니다. 그들은 종교가 우리가 살아가는 데 반드시 필요한 것이라고 말합니다. 동물학자 리처드 도킨스Richard Dawkins(1941~)에 따르면 우리들 모두는 스스로의 생존을 위해 '이기적 유전자'가 시키는 일을 하며 살아간다고 합니다. 그러니까 내가 먹고 싶은 것, 갖고 싶은 것, 입고 싶은 것들을 생각하는 것은 모두 유전자의 생존에 필요하기 때문이라는 것입니다. 유전자가 생존하기 위해 각 사람의 마음을 움직이기 때문에 모든 사람은 근본적으로 '이기적'이라는 것입니다.

그런데 정말 흥미로운 점은 가장 이기적인 사람이 살아남기 위해서 결국 가장 이타적으로, 즉 다른 사람들을 위해 자신을 희생하며 행동한다는 것입니다. 사람이 홀로 산다는 것은 무척 힘들고 어렵기 때문에, 살아남기 위해서는 나와 연관된 가족과 집단이 같이 살아남아야 한다는 것입니다. 집단이 살아남는 것이 결국 자신의 생존에 도움이 된다는 것이지요. 그래서 이기적인 유전자는 자신의 생존을 위해서 다른 유전자들과, 다른 유기체들과, 다른 집단들과 협력하는 길을 선택하여 행동한다는 것입니다.

진화생물학자들은 이기적으로 행위하는 개체들이 많은 집단과 서로 돕는 이타적인 개체들이 많은 집단이 여러 세대에 걸쳐 진화를 거듭하게 되면, 시간이 흘러갈수록 이타적 개체들이 많은 집단이 더욱 번성하고 강해졌다고 합니다. 그렇다면 한 집단의 생존에 중요한 것은 그 집단 내에 이타적 행위를 하는 개체가 많아지는 것입니다. 서로 돕는 이타적인 마음을 갖는 것이 한 집단이나 국가나 민족의 생존에 매우 중요하기 때문에 국가나 집단은 전체의 번영과 생존을 위해 서로를 위하고 아끼며 보살피는 도덕과 윤리와 가치의 문화를 만들어가는 것이라 합니다.

이 이야기와 종교가 무슨 연관이 있을까요? 종교가 없어도 사람들끼리 서로 돕고 위하고 배려하며 살아가면 되지 않을까요? 굳이 종교가 필요한 것은 아니지 않을까요? 그런데 아무리 우리가 서로를 아끼고 도우며 살아가는 것이 이롭다고 해도, 실제로 그것을 실천할 수 있는 사람은 많지 않습니다. 결과적으로는 우리를 이롭게 한다고 하더라도, 우선 자신이 손해를 본다면 누구나 그런 행동을 하기를 주저할 수밖에 없을 것입니다. 도킨스의 말처럼, 우리는 유전적으로 '이기적'일 수밖에 없으니까요. 이기적일 수밖에 없는 우리가 서로 돕고 보살피며 이해하도록 하는 데 가장 효과적인 것이 바로 종교라는 것입니다.

종교는 자기 자신에게 설혹 큰 손해가 나더라도, 아프고 어렵고 힘든 사람들을 도와야 하는 이유를 사람들에게 말해주지요. 실제로 윌슨D.S. Wilson(1949~)이라는 철학자는 미국에 이민하여 살고 있는 한국인들이 이민자 교회에 출석하는 모습을 보면서, 종교의 이러한 이타적인 기능을 연구했습니다. 우리가 서로 돕고, 배려하며 살아가는 사회를 만드려면 반드시 종교가 필요하다는 것입니다. 선을 행하는 것이 좋다는 것을 아는 것과 그 선을 직접 실천하는 것은 같지 않기 때문입니다. 대부분의 사람들은 알지만, 실천하지는 못합니다. 우리 사회가 이기적인 사람들로 채워져가는 것은 그 사람들이 선한 일을 알지 못하기 때문이 아니라 그것을 실천하지 않기 때문입니다. 종교는 우리가 그 선한 일을 실천하도록 도와줍니다.

종교가 풀어주는 물음들

종교는 과학이나 철학으로는 대답할 수 없는 질문들을 탐구합니다. 여기에는 어떤 것이 있을까요?

1. 우리는 왜 사는 걸까?

이런 이야기가 있습니다. 우리의 영혼에는 깊은 구멍이 하나 있고 우리는 그 구멍이 무시무시한 모습으로 우리를 보며 하품을 하지 못하도록 매일 열심히 그 구멍을 메워야 한다고 합니다. 그러지 않으면 마음이 텅 빈 것 같아 영혼의 구멍을 메우기 위해 온갖 일을 다 한다고 하지요. 먹고 마시고, 사람을 만나고, 예술 작품을 감상하고, 정치·사회 활동에 참여하고, 돈을 벌고, 돈을 쓰고, 운동을 하고, 야외로 나가고, 여행을 하고 그리고 오락을 하면서 말입니다. 하지만 우리가 세상에서 하는 그 어떤 일도 우리 영혼의 구멍을 메워주지는 못합니다.

그런데 종교는 우리에게 사랑하기 위해 산다고 말합니다. 나처럼 작고 보잘것없는 사람들을 바라보며 그들과 같은 작은 자로서 그들의 마음을 이해하고 그들의 상처를 감싸 안고 사랑으로 손을 잡아주면서 사랑하는 것이 우리가 살아가는 삶의 의미와 목적이라고 말합니다. 그런데 신기하게도 종교가 말하는 사랑을 통해 우리 영혼의 구멍이 채워지는 것을 경험할 수 있다는 것입니다.

무언가를 믿는다는 것

그러니까 죽음을 통해 새로운 생명의 자리가 마련되며, 새로운 생명은 죽은 생명을 먹고 산다고 말할 수 있습니다. 종교는 이때 죽음을 통해 내가 아주 없어지는 대신, 내 영혼이 새로운 세계로 나아간다고 말합니다. 그래서 죽음은 끝이 아니라, 또 다른 시작이라는 것입니다. 영원한 생명은 영원히 죽지 않고 살아가는 삶이 아니라, 죽음을 통해 새로운 세계로 나아가는 삶이라고 말합니다.

2. 왜 죽어야 하나?

　모든 사람은 죽습니다. 그런데 왜 죽는지에 대한 답은 곧 왜 사는지에 대한 답이기도 하지요. 왜냐하면 죽음은 산다는 것 전체의 끝을 의미하기 때문이죠. 그러나 어떤 종교는 죽음이 삶의 끝이 아니라 또 다른 삶의 시작이라고 이야기하기도 합니다. 죽어야 새로운 생명으로 태어날 수 있다는 것이죠. 사람이 죽지 않고 영원히 산다면 세계는 새로운 생명도 태어날 수 없을 것입니다. 설사 새로운 생명이 태어난다 해도 특별히 해야 할 역할이 없을 겁니다. 왜냐하면 모든 사람이 죽지 않고 계속 하던 일을 할 것이기 때문입니다.

　그러니까 죽음을 통해 새로운 생명의 자리가 마련되고, 이 새로운 생명은 죽은 생명을 먹고 산다고 말할 수 있습니다. 종교는 이때 죽음을 통해 내가 아주 없어지는 것이 아니라, 내 영혼이 새로운 세계로 나아간다고 말합니다. 그래서 죽음은 끝이 아니라, 또 다른 시작이라는 것입니다. 영원한 생명은 영원히 죽지 않고 살아가는 삶이 아니라, 죽음을 통해 새로운 세계로 나아가는 삶이라고요.

3. 왜 우리는 다른 사람들을
배려해야 할까?

진화심리학은 진화 경쟁에서 생존하려면 반드시 서로 아끼고 사랑하는 구성원들을 길러내야 한다고 알려줍니다. 하지만 그렇게 해야 한다는 것을 아는 것과 행동하는 것은 다른 일입니다. 대부분은 그렇게 행동하지 못합니다. 종교는 사랑해야 한다는 것을 알면서도 그렇게 하지 못하는 사람들에게 신의 사랑을 이야기합니다.

종교에 따라 표현은 다르지만 마찬가지입니다. 기독교에서는 다른 사람들을 사랑하고 섬겨야 하는 이유를 사람들이 신의 형상으로 창조된 신의 자녀들이기 때문이라고 말합니다. 불교에서는 깨달음을 통해 진정으로 얻을 수 있는 길은 바로 사람들을 사랑하는 것이라고 이야기합니다. 또 한편으로는 사랑하는 마음이 없이는 진정한 깨달음에 이를 수 없다고도 말합니다.

결국 모든 종교에서 다른 사람들을 사랑하고 아끼고 보살피는 것은 결국에는 자신을 위한 일입니다. 나와 함께 살아가는 사람들이 모두 행복하지 않다면 나도 행복할 수 없기 때문입니다.

4. 왜 종교가 서로 다른가?

세상에는 많은 종교가 있습니다. 그리고 각 종교인들마다 자

무언가를 믿는다는 것

신들이 옳은 종교를 믿고 있다고 주장합니다. 어떤 사람들은 진짜 종교가 있고, 나머지는 다 가짜 종교라고 생각하기도 합니다. 그러나 어느 종교가 진짜인지 우리는 알 수 없습니다. 종교는 확인해서 알 수 있는 문제가 아닙니다. 다만 그 종교를 믿고 살아가는 사람들이 선한 삶을 살아간다면, 그 종교는 그를 믿는 사람들에게 진정한 것입니다.

종교에게 묻고 싶은 것들

그럼에도 종교에 대해서는 여전히 확신이 서질 않는 친구들이 있을거예요. 여전히 종교에게 묻고 싶은 것들이 있지요. 하나씩 살펴볼까요?

1. 세상은 진화하는 것일까요, 아니면 창조된 것일까요?

과학시간에 생물을 배우게 되면서 갖는 가장 궁금한 물음입니다. 진화론에서는 세상이 자연적으로 만들어졌다고 하고, 교회에서는 세상이 신에 의해 창조되었다고 합니다. 학교에서 배우는 것과 교회에서 가르치는 것이 달라 어느 것이 진짜인지 궁금할 때가 있습니다.

종교

신이 세상을 창조했다는 기독교의 교리는 과학적 설명은 아닙니다. 성서는 어렵고 힘든 삶을 살아가던 사람들에게 세상은 권력자가 아닌 세상을 창조한 신이 주재하는 것이라는 점을 말해줍니다. 그래서 세상의 창조주 신이 고난 받는 사람들에게 언젠가는 새로운 세상을 줄 것이라는 희망을 주려고 했습니다. 반면 진화론은 세상의 생물들이 어떻게 변하는지를 설명하는 과학적 이론입니다. 그렇지만 신이 세상을 이렇게 변해가도록 만들었다고 믿을 수도 있을 것입니다. 성서는 신이 세상을 창조했다고 했지, 세상이 변하지 않는다고 말하지는 않습니다.

2. 신앙과 미신은 무엇이 다른가요?

세상에는 많은 종교들이 있지요. 우리는 자신과 믿는 바가 다르다고 해서 차별하지 않도록 종교의 자유를 허용하고 있습니다. 하지만 모든 종교가 바람직한 것은 아닙니다. 어떤 종교는 사람들을 행복하고 자유롭게 하는 데 비해 또 어떤 종교는 오히려 사람들을 힘들게 하기도 합니다. 그렇지만 이를 구분하기는 쉽지 않습니다. 그래서 무엇을 믿느냐보다는 그것을 믿고 어떤 삶을 살아가느냐가 더 중요하다고 할 수 있습니다.

무언가를 믿는다는 것

3. 왜 종교는 부자보다는 가난한 사람들에 대해
더 이야기하는 걸까요?

종교에서는 흔히 돈이 영혼을 타락시킨다고 합니다. 왜 그럴까요? 돈이 많으면 영혼보다는 다른 것에 관심을 가지기 때문일까요? 그렇다면 가난한 사람의 영혼은 모두 아름다울까요? 꼭 그런 것 같지는 않습니다. 게으르고 노력하지 않아서 가난하게 된 사람이 있다면, 그 사람의 영혼이 돈이 많은 사람의 영혼보다 더 아름답다고 말할 수는 없습니다. 종교가 말하는 '가난한 영혼'이란 스스로 다른 사람들을 위해서 가난하게 살기로 선택한 사람을 뜻합니다. 예수나 부처처럼 말이죠.

돈이 영혼에 해로운 이유는 무엇일까요? 돈은 가지면 가질수록 더 많이 갖고 싶어지는 법입니다. 그래서 돈을 더 가지기 위한 생각들로 가득 찬 돈의 노예가 될 수밖에 없습니다. 노예의 삶이 행복하다고 할 수 없듯이 돈의 지배를 받는 사람도 행복할 수 없는 것입니다. 종교는 돈의 노예가 되기보다는 신의 지배를 받는 삶을 살 것을 이야기합니다. 돈은 우리를 더욱 더 매이게 하지만, 신은 우리가 더 자유롭기를 원하기 때문입니다. 신은 다름 아닌 사랑이기 때문입니다. 사랑은 사랑하는 자를 구속하고 싶어 하기보다는 자유롭게 하기를 원합니다.

그런데 종교가 교리나 법 때문에 다른 사람을 힘들게 한다면 참다운 종교라 할 수 있을까요? 종교라는 이름으로 전쟁을 하는 것이 과연 종교적인 것일까요? 종교는 무엇보다 사람을 살리는 데 그 목적이 있습니다. 그러므로 사람을 사랑하는 일을 떠나서 종교를 이야기하기는 어렵습니다. 사랑의 종교는 그러므로 사람들 사이에 있기 마련입니다. 사람들을 멀리하고는, 사랑도 신도 종교도 무의미할 수 있습니다.

혼자 읽어도 좋은 책

청소년을 위한 이야기 종교학

게르하르트 슈타군 지음
장혜경 옮김
웅진지식하우스, 2007

'신은 정말 있는 걸까? 있다면 왜 힘든 사람들을 보고만 있는 걸까?' '우리는 왜 사는 걸까? 또 죽은 뒤에는 어떻게 되는 걸까?' 이러한 궁금증에서 출발한 이 책은 종교에 관한 궁금한 것들을 풀어쓰고 있다. 특정 종교의 관점으로 기술하는 것이 아니라 여러 종교들과 더불어 살아가는 세상의 관점에서 종교의 의미와 목적 그리고 바람직한 종교상들을 전해주고 있다.

어린이의 다섯 가지 중대한 질문

프리드리히
슈바이처 지음
손성현 옮김
샨티, 2008

어린이라면 던질법한 종교적인 질문들을 가급적 어렵지 않게 풀어주려고 노력하는 책이다. '종교'라고 하면 진리를 향한 어렵고 힘든 과정과 길일 것이라 생각하는 사람들에게, 이 책은 어린아이의 눈처럼 아주 일상적이고 구체적인 자리에서 솟아나는 종교적 물음들을 통해 종교를 설명해주고 있다.

종교로 세계 읽기

이찬수 지음
이화여자대학교 출판부,
2009

세계 문화를 종교라는 안경을 통해 탐구해보는 책이다. 종교는 문화 중에 기이한 현상에 속한다는 일반의 편견과는 달리, 종교는 당대 문화의 핵심에 속한다. 따라서 종교를 이해하지 않고서는 그 세계를 알 수 없고, 세계를 이해하기 위해서는 종교를 알아야 한다. 이 책은 세계 문화 속의 다양한 종교들을 간결하고 읽기 쉽게 정리하고 있어 청소년들이 종교에 대한 이해를 넓히는 데 유용할 것이다.

신은 뇌 속에 갇히지 않는다

마리오 뷰리가드·데니스
오리어리 지음
김영희 옮김
21세기북스, 2010

뇌과학이 발전하면서, 인간 심리의 가장 신비한 영혼이나 종교를 신경과학의 용어로 해석하려는 시도들이 증가하고 있다. 하지만 이 책의 저자들은 그러한 설명들이 다른 측면으로 해석될 수도 있는 가능성을 제시하면서, 과학의 언어로 종교를 해소해버리려는 노력들에 경고를 던진다는 점에서 의미 있다.

종교는 진화한다

데이비드 슬론 윌슨 지음
이철우 옮김
아카넷, 2004

종교는 고대의 숨겨진 진리를 전하는 비밀스런 집단의 이야기가 아니다. 종교는 결국 인간 삶을 이롭게 하기 위한 길이다. 이 책은 바로 이 단순한 전제 위에서 종교가 진화론적으로 발전해가는 세계 속에서 어떤 기능을 본래적으로 감당하고 있는지를 진화심리학과 진화 이론들의 도움을 받아 설명하고 있다.

종교와 철학 사이

장형철·김선하·서동은·
박일준·박남희 지음
늘봄, 2013

현대철학의 입장에서 종교를 우리가 어떻게 생각할 수 있을지를 '종교철학적 관점에서' 조명하는 여러 저자의 글들을 모아놓은 책이다. 종교를 이해하기 위해 왜 철학과 과학적 교양지식들이 필요한지를 설명하면서, 종교와 신학에 연관된 악의 문제와 같은 큰 물음들을 신학이 아닌 종교학과 철학 그리고 종교사회학의 관점에서 풀어나갔다.

무언가를 믿는다는 것

소복이 생각

어른이 되니 하나씩 알게 되는 것들이 있다.

뒤늦게 알게 되어 아쉬운 것들이 있다.

그땐 함께 얘기 나눌 선생님이 없었고, 무슨 책을 읽어야 하는지도 몰랐다.

그때의 나에게 얘기하고 싶다.

나중에 생각하면 별 일 아니야. 기운 내.

★**심상우** 프랑스 스트라스부르그에서 윤리철학을 전공했다. 지금은 여러 대
학과 희망네트워크에서 철학을 가르치고, 시민들을 대상으로 인문
학 강의를 하기도 한다. 참된 가르침이란 사람들의 머릿속에 씨앗을
심어주는 것이 아니라 그들이 고이 간직했던 씨앗들이 자라나게 해
주는 데 있다. 이 사실을 알기에 오늘도 나는 그들의 가슴에 물을
주러 떠난다.

★**이진오** 독일에서 철학 공부를 하고 돌아와 경희대학교 후마니타스 칼리지
에서 '인간의 가치탐색'과 '우리가 사는 세상'이라는 교양과목을 가
르치고 있다. 이름 모를 풀과 흙냄새가 있는 자연을 좋아하고, 어린
아이들만 보면 저절로 미소가 나온다. 일상생활에서 쉽게 발견할
수 있는 기쁨과 생명력이 세상에 대한 호기심을 자극한다. 이렇게
시작된 철학적 탐구를 여러 사람들과 함께 하고 싶다.

★**서동은** 어려서부터 호기심이 많아 궁금한 것이 있으면 빨리 알고 싶어 했
고, 나와 다른 언어를 사용하는 사람들은 어떤 생각을 하며 살지
궁금해 외국어를 배우는 일에 관심이 많았다. 한때 논리실증주의
철학에 관심이 많아, 사람들이 사용하는 말들이 의미 있는지 없는
지를 따지는 습관이 있었다. 독일 사람들은 무슨 생각을 하며 사는
지 궁금해 독일 유학을 결심했고, 독일에서 언어와 문화의 차이를
많이 경험했다. 유학을 마치고 한국에 돌아와 여러 대학과 중고등학
교에서 대화 및 토론을 통해 자신의 삶을 주체적으로 일구어가도록
돕는 일을 하고 있으며, 지금은 고대 그리스철학 특히 플라톤과 아
리스토텔레스에 관심을 갖고 그들의 책을 읽고 있다. 언젠가는 그리
스어를 더 배워 플라톤과 아리스토텔레스를 원전으로 읽고 싶은 포
부도 있다. 취미는 등산과 가끔씩 아무것도 안하고 빈둥거리기이다.
철학이 좋은 이유는 이전까지 몰랐던 새로운 세계를 경험하도록 도
와주기 때문이다.

★정현철 대학에서 철학을 가르치고 있다. 자연 속에서 맑은 공기를 마시면서 좋아하는 책을 읽는 것에서 즐거움을 느낀다. 음악을 듣고 잘 만들어진 영화를 보는 것 역시 좋아한다. 많은 사람들이 철학을 통해 생각하는 것을 즐길 수 있게 되기를 희망한다.

★박남희 어떻게 살아야 할지 고심하다 철학의 길로 들어섰다. 철학을 통해 발견해가는 진리로의 여정이 늘 나를 설레게 한다. 특히 해석학이라는 개방적이고 역동적인 길에서 만난 가다머와의 동행으로 인하여 풍요로운 삶을 살 수 있기에 행복하다. 더욱이 삶 속에서 철학을 실현코자 하는 그의 사상이 좋아 그의 삶을 닮기 위해 노력 중이다.

★박승현 중앙대학교 철학과를 졸업하고, 북경대학 철학과에서 박사학위를 받았다. 대학교 2학년 때 《노자》 원전 강독에 참여한 인연으로 도가 철학을 전공으로 삼게 되었다. 노장 철학이 추구하는 '자유로운 삶'을 동경하고 있으며, 철학이 공허한 이론적 논의에서 끝나는 것이 아니라 구체적인 현실적 삶 속에 녹아들어갈 수 있는 실천철학과 철학상담치료에 관심을 갖고 있다. 희망네트워크에서 어린이 철학을 담당하고 있으며, 원광대학교 마음인문학연구소 HK연구교수로 재직 중이다.

★이연도 중앙대학교를 졸업하고, 중국 북경대학에서 중국 근현대철학을 전공하여 박사학위를 받았다. 중앙대학교, 서울대학교, 강원대학교 등에서 동양철학과 동양 윤리사상 등을 가르쳤으며, 현재 중앙대학교 교양학부대학 교수이다. 《강유위가 들려주는 대동 이야기》, 《인문치료》(공저), 《인문학과 리더십코칭》(공저) 등의 저서가 있으며, 역서로는 《징비록懲毖錄》, 《공자전》이 있다.

★**정대성** 우리의 일상을 지배하는 힘들을 세심하게 보여주는 위대한 철학자들을 탐험하는 재미에 빠져 있다. 특히 정치와 사회에 대한 철학적 물음과 답변에 관심이 많은데, 사회는 삶의 현장이고, 정치는 그런 사회의 형태를 만들어 내는 강력한 힘이라고 생각하기 때문이다. 그리고 어떤 언어를 사용하는지가 곧 그의 인격과 사유의 깊이를 보여준다는 생각에서 언어가 도대체 무엇인지 재미있게 살펴보고 있다.

★**이동용** 철학을 하고 싶어 독일어를 배우기 시작했고, 바그너의 도시라 불리는 독일의 바이로이트 대학에서 유학했다. 니체를 전공한 스승 밑에서 허무주의 사상에 대한 매력을 발견했고, 대학의 특성상 바그너의 음악극에 대해서도 식견을 넓힐 수 있는 기회를 가졌다. 현재는 건국대학교, 철학아카데미 그리고 희망네트워크에서 니체와 함께 문화와 예술을 아우르는 철학을 가르치고 있다. 힘이 닿는 데까지 배운 것을 가르치려고 한다. 철학은 여행과도 같다. 모든 것을 버리고 떠나지만 먼 곳에서 발견하는 것은 자기 자신인 그런 여행처럼.

★**이종철** 기질 때문인지 아니면 다른 이유가 있어서인지 어렸을 때부터 산다는 것을 고통으로 생각하면서 늘 힘들게 여겨왔다. 한 친구는 나의 이런 모습을 보고 쓸데없이 삶을 어렵고 복잡하게 만든다고 비난하기도 했다. 철학을 공부하면서 이런 나의 생각이 전혀 근거 없는 것은 아니라는 것을 알게 되었다. 불교는 삶 자체를 고통으로 생각하고, 맑스는 사회구조에 더 큰 고통의 원인이 있다고 본다. 많은 철학이 여기서 오십보백보이다. 그리하여 철학의 영원한 문제 중 하나는 이런 고통으로부터의 해방이리라. 개인적으로나 사회적으로, 더 나아가서는 모든 생명들에게서도.

★**한상연** 독일에서 철학을 공부했고 지금은 가천대에서 철학을 가르치고 있다. 철학은 배운 사람들만 할 수 있는 어려운 학문이라고 생각하지

않는다. 철학은 우리들의 삶과 존재에 관한 구체적인 이야기일 뿐이다. 그 이야기 속에 담긴 너와 나는 각자 고유한 한 인간일 뿐이다. 각자 고유한 자로 머물며 서로 사랑하는 것, 참된 철학의 기원은 바로 여기에 있다.

★**홍경자** 독일 뮌스터 대학에서 철학으로 박사학위를 취득했다. 현재 한림대 생사학 인문한국연구단에 재직 중이며 그곳에서 실존철학을 중심으로 하는 생명론 및 죽음론과 자살예방을 위한 철학상담 방법론을 연구하고 있다. 또한 서강대학교에서 강의를 하고, 희망네트워크에서 주관하는 어린이 철학교육 프로그램에 참여하면서 이론 중심이 아닌 어린이들의 아픈 마음을 치유할 수 있는 실천적인 철학 교육에 특히 많은 관심을 가지고 있다.

★**박일준** 우리 눈에 보이지 않는 것들에 우리 눈에 보이는 세계의 진리가 있다고 믿는다. 우리가 세상에서 보지 않으려는 것들을 헤집어 그것이 우리가 욕망하는 것들을 어떻게 조롱하는지 찾는 일에 관심이 있다. "하나님이 없는 자$^{ta\ me\ onta}$를 선택하여 있는 자$^{ta\ onta}$를 아무것도 아닌 것으로 만드신다"라고 성서에 적혀 있는 말을 믿으며, 철학과 종교와 신학 사이에서 인지과학과 진화 이론들을 매개로 사유의 길을 만들어 나가고자 한다.

★**소복이** 서강대교 아래에서 만화도 그리고, 그림책 작업을 하고 있다. 《우리 (그린이) 땅의 생명이 들려주는 이야기》, 《자원봉사에도 고민이 필요해》, 《어린이가 지구를 구하는 50가지 방법》 등에 그림을 그렸고, 만화책 《이백오 상담소》, 《시간이 좀 걸리는 두 번째 비법》 등을 그리고 썼다. www.sobogi.net